心上吴中

U0828922

中共苏州市吴中区委宣传部

情调苏州工作室 联合出品

中国·苏州
古吴轩出版社

流浪，忘了来时路
与一方热土，几分对望
此生不问归途……

吴文化，跟水有关的集体记忆

浪下三吴起白烟。

三月的江南，桃红梨白，青梅如豆柳如眉，自是一派春色满眼。大运河上听了一夜桨橹欸乃，抵达浒墅关时已是清晨，康熙并不觉得疲惫，短暂接见江苏巡抚宋荦等一众迎驾官员，大船继续前行。这是他第三次南巡了，每次到来，都为这里的美食美景所倾倒，心情也格外愉悦。这一次，他想来个深度游。

走走停停，吃吃白相相，船至太湖，在洞庭东山上岸，入驿馆休息。咦！好香啊！康熙端起面前一杯茶，有股异香把他深深吸引。“禀老板，这是当地刚刚采下的新茶，名字就叫‘吓煞人香’。”宋荦赶紧报告。“老宋啊，这样清嘉风雅之物，却取了如此浅俗之名，你为我朝十才子之首，也太没文化了吧。”康熙细细打量，只见杯盏里面，汤色碧绿，叶曲似螺，轻啜一口，更觉沁人心脾，唇齿留香。他一边品茶一边说道：“不如改名‘碧螺春’吧！”众人自然鼓掌通过。于是这种地方特产就有了一个雅致的名字，沿用至今。

康乾时期，吴地一带物阜民丰，经济繁荣，文化发达，社会发展达到了清朝的一个顶峰。康熙对这风物绝佳之地流连忘返，先后六次巡游。他的孙子乾隆更是对这里情有独钟，念念不忘，又不敢超过爷爷，也是来了六次。这个时期，作为吴县县府驻地的苏州城，已是当时全世界比较大的城市之一。而其风流繁华的背后，则是源远流长的文化的积淀，以及这种文化熏陶滋养下的人的支撑。

这里是吴文化的发源地。

在历史的长河里，吴地的发展，离不开一代代先民筚路蓝缕的打拼，尤其是泰伯、仲雍兄弟对这里的开拓教化。他们被尊为吴地的人文始祖。

他们看到的情景，跟后来康乾所见，那是天壤之别。

水，是吴地人不可或缺的物质与精神元素。

寒雨连江夜入吴。

纵然早有心理准备，纵然早知道这地方是尚未开化的荆蛮之地，但是眼前一切，还是带给他们强烈的震撼。

泰伯、仲雍来到吴地时，首先看到的，是当地人的大不同。他们披散着短发，穿着葛麻的短衫，讲着他一句也听不懂的方言，裸露的黝黑臂膀上、大腿上刺满似蛇似龙的图案。他们操弄着独木小舟，在水面快速滑动，动作娴熟麻利。突然，他们直身张臂，手中顶端削尖的木制长棍唰地没入水中，再俯身捞起，一条穿在棍上的大鱼扑棱棱甩动尾巴。放眼望去，除了密布的湖泊，就是交织的河网，一片水乡泽国景象。这画风，跟中原迥异，宛若来到另一个世界。

泰伯兄弟是从陕西岐山，带着当时的先进文化而来的。泰伯奔吴，迈开了吴文化发展的关键步伐。他们来到这里，就没准备离开。他们做的第一件事，是以船为家，以楫为马，断发文身，融入当地。这里洪水泛滥，水患频发，他们带领住民兴修水利，教授种桑养蚕，发展生产，同时教授礼仪、传播知识。最终建立了勾吴国，开启了一段与水为伍、与船为伴的传奇。

吴国立国700多年，吴地文明薪火相传，不断充盈。秦始皇统一六国后，设置吴县，为会稽郡治所。唐宋以后，吴地迅速发展成为富庶锦绣之地，吴文化也出现了一个繁盛期。

在这块有着深厚历史文化底蕴的土地上，历来人文荟萃、英才辈出。“兵圣”孙武、“草圣”张旭、北宋著名政治家范仲淹、主持营造紫禁城的明代建筑大师蒯祥等一大批历史名人曾生活在吴地，谱写了吴文化千古流芳的华美篇章。

吴文化这个课题，牵涉的历史太悠久，画幅也太恢宏了，这样一本小书实在难以将其全貌展出。但是通过对远古部落的遥想，对帝王将相的笑谈，对鸟语花香的解读，这本书仍然呈现出了吴地的外在风光和内在灵魂。

橘子红了，爱涌上来。

吴中会落在谁的心上呢？

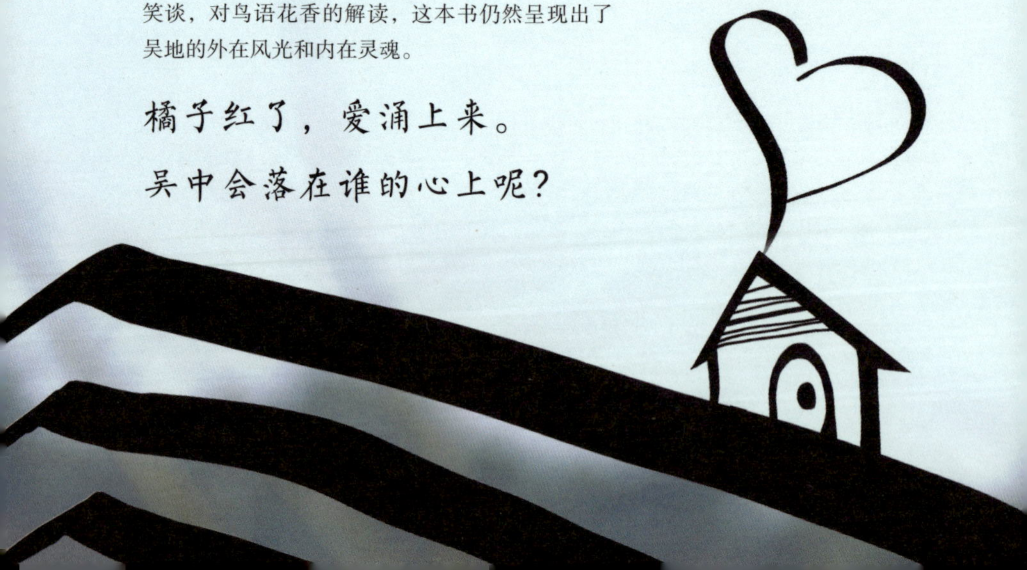

江阴长江大桥
靖张长江大桥
（在建）
张家港市
南沿
沿江高
京沪高速
沪蓉高速
无锡市
苏虞张公路
苏南硕放国际机场
锡太公路
沪宁城际
京沪高铁
相城区
绕城高速
高新区
姑苏区
工业
吴中区
太湖
常台高速
通苏嘉铁路
西山
东山
吴江区
湖州市

吴中，在这里

苏通长江大桥
沪通长江大桥
海门市
沪通铁路
长江
常台高速
长江
疏港铁路
通苏嘉铁路
太仓市
苏昆太高速
昆山市
沪通铁路
京沪高铁
京沪高速
上海市
沪常高速
虹桥国际机场
常嘉高速
沪苏浙高速
沪苏湖铁路
规划在建铁路
嘉兴市

壹

历史名人

太湖水，洞庭山，狂风浪起有乾坤（P1）

公元前520年，翻到吴国这一页（3），孙武在穹窿山书写兵法（7），范蠡筹谋复国大业（11）。春秋时期，被孔子嫌弃颜值不高的澹台灭明南下（35），开启吴地的启蒙教育。陆龟蒙躬耕甪直，吟诗著书（25）。北宋范仲淹兴办府学。南宋范成大归隐石湖诗酒联欢（27）。金圣叹成为17世纪的精神先锋（23）。民国时叶圣陶投身教育（17）。每年，天平山的枫叶红了又绿（13），生生农场的蔬菜收了又生。他们或许不自知，在历史进程中，他们是推动车轮前行的巨人。他们来过这片土地，值得后人无限感激。

贰

皇家风雅

朕就是这样爱下江南的汉子（P39）

皇上，您手植的玉兰花（47）顶着暖阳炸开了；皇上，春晖楼的好戏要开场了（49）；皇上，您赐名的“清”“奇”“古”“怪”四棵古柏（61）更妖娆了。说到木渎（43），绕不开乾隆；说到启园，绕不开康熙。皇上，您“霸屏”了。听说，古松园（53）和榜眼府第（57）也是不错的园子。天池山的乌米饭正合您胃口（63）。保圣寺的惊喜不止一处（71）。这些都列到了下次下江南的攻略里。

叁

太湖风光

石不语，水不言，偏与风恋（P77）

太湖风光美，精华在吴中。水风车是家的方向（79），太湖大桥是通往心底的桥梁（83）。雕花楼的西洋玻璃窗（87）用斑驳打败了陨落，这是建筑之美（93），也是人文之美。海灯法师归隐，明月坡依旧（103），这是时间的魔法也是纪念日的意义（107）。爬渔洋山尝一碗大排面（109），钻林屋洞破未解之谜（105）。石不语但石头有情（101），花不言但好花常开（113），来到太湖，就敞开心扉和水谈场恋爱吧。

肆

水乡村落

千寻古道，问禅不问路（P115）

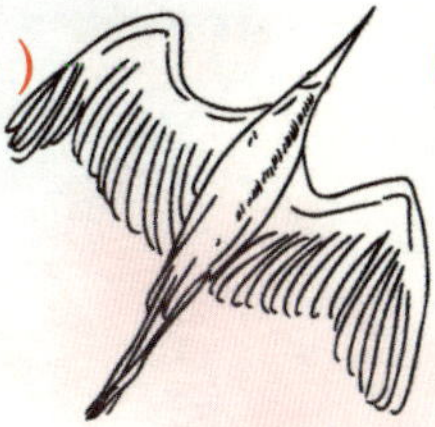

时间总是漂泊，好在有些沉淀不会垂落。像西施采茶浣纱，情歌如水流（117）。像香雪海的梅花，甘当春天的信使（121）。你问苏州最孤独禅寺（146）的住持可曾寂寞，他会笑而不语。在陆巷丢了爱情的唐伯虎（125）或许会寂寞，在石码头赏月的夫差（137）或许会寂寞，在东村为爱执着一生的殷氏（141）或许会寂寞，但三峰禅寺山高水长还有青蛙（131）做伴，何来寂寞？这样的江南，让人泪流满面（147）。

伍

闲适生活

来杯咖啡，不放香菜（P151）

孩子们来了，来博物馆看机器人跳舞（157），来湿地公园观鸟（159），来森林里的咖啡屋闻香（167）。孩子们笑了，笑度假村（153）的马车迎着夕阳跑出一个圆圈，笑老电影（165）通过圆圆的胶盘在方方屏幕上流淌。他们还不懂生活的苦与甜（171），只知自然界的方与圆。

陆

安心好梦

夜空中最亮的星与梦（P173）

台灯发出灯塔般的光芒，给航行在墙上的船（183）一丝希望。云彩推开半山的门，露出半亩方塘（177）。森林里的秘密被草垛上的星星揭开了（175）。四大才子的故事，都发生在守溪人文酒店（187）。梦，也变得调皮，瞄准一颗少女心（181），射中一个枕边人（189）。

暖食美味

柒 吃要吃得健康，胖要胖得明白（P199）

四月是值得赞美的，它让松树开花，花粉做成的团子（215）甜遍全身，外婆牌的乌米饭（219）准时来报到；九月是值得赞美的，它带来了螃蟹（201）和湖鲜（203），“水八仙”（207）也上桌了，小朋友像小鸡啄米似的吃鸡头米；十二月是值得赞美的，在最冷的天喝最暖的羊汤（211），心头为之一热；时间是值得赞美的，它让酒缸里的佳酿（213）越发醇香，让莼菜（217）成为辞官最诗意的表达，让湖山尽在一碗面（223）。

时令果盘

捌 岁时寄，一筐心事（P225）

牧童的短笛唤醒山坡，山坡上的果树一伸懒腰，抖落一地嬉皮笑脸的枇杷（227）。隔壁，杨梅小姐（229）应声而来，涂满腮红争相出道。橘子（231）不服了，谁还没有红裙飘飘。天性冷淡的白果（237）冷眼旁观姑娘们胡闹，他只关心，天凉了，桂花（239）落了多少。去年的碧螺春（245）和今年的桂花酒（241）都是暖心良药。

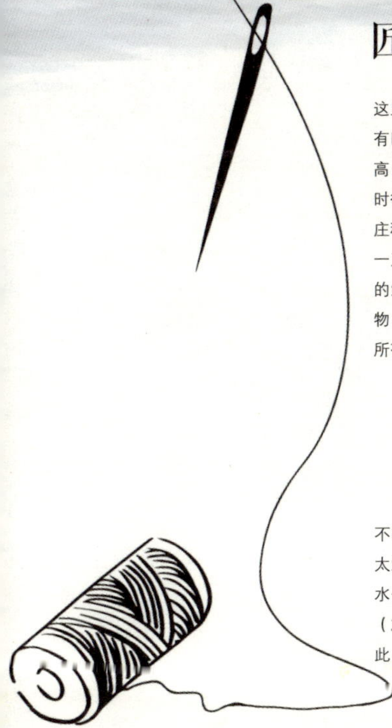

匠人匠心 玖

匠心，指尖上的绝技（P247）

这里是指尖和针尖的世界，一针一线都是这个世界的编织者。它有时很简单，“坐”了三个人的橄榄核（253），只有两粒黄米高；它有时很豪华，80根丝线才能穿梭出方寸图案（261）；它有时很高贵，作为礼物被送给他国政要（265）；它有时很接地气，庄稼汉拿起画笔就能整出一幅（271）。它有时在木头上做文章，一刀一刻形成举世闻名的香山帮（249），它有时是玉石和青铜器的结合，完美到被大英博物馆收藏（255）。它们是最平凡的美物，小到一块砚台（257），大到一尊猛将（273），包含了世间所有的不凡。

实用手册 拾

更多秘密都在这里（P277）

不同的游线邂逅不同的你。访古探幽，品一世情缘（279）；影像太湖，看一场好戏（281）；乡村田园，当一回农夫（283）；在水一方，寻一位伊人（285）。带着伊人看展（289）、“剁手”（297），再把吴中带走（295）。这是一场心与吴中的相遇，从此，吴中在心上。

光福景区
穹窿山景区
木渎景区
苏州太湖国家
旅游度假区中心区
胥口景区
旺山景区
太　湖
临湖景区
西山景区（金庭）
东山景区

寻梦江南，又见吴中

吴中区位于苏州南部，濒临太湖。全区辖金庭、木渎、甪直、胥口、东山、临湖、光福等七镇七街道，拥有1个国家级旅游度假区，1个国家级经济技术开发区，1个国家级农业园区和1个省级高新技术产业开发区。

来吴中区玩啥？好东西可太多了。这里拥有五分之三的太湖水域及太湖58峰，拥有184千米长的太湖岸线和苏州80%的丘陵山体，可说是太湖岸线最曲折、山丘峰坞最密集、林木花果最茂盛、空气水质最好、生态环境最优美的区域，开放景点多达60余个。

吴中，有山有水，身处福地。

壹

太湖水，洞庭山，狂风浪起有乾坤

使历史漫长的不是时间
是每一个孤寂的瞬间
使人生厚重的不是名望
是每一个梦想的实现
惊涛拍岸 一眼万年
在吴地长河中
他们都是搏击大风大浪的水手

Tips

吴国是春秋中后期最强大的诸侯国之一，在阖闾和夫差时达到鼎盛。太湖流域是吴国的核心，而吴国后期的中心便在吴中区。2010 年，在吴中木渎发掘的春秋古城遗址，是一座春秋晚期具有都邑性质的城址，规模大，等级高，入选当年中国十大考古新发现。

吴中大地上有关伍子胥的遗迹很多，最集中的当属胥江边的**胥王园**。园内有胥王庙、伍子胥墓、伍氏宗祠、吴地历史研究馆等，陈列有伍子胥设计的战船。虽然规模不大，景色倒是还可以。

门票：30 元 / 人

公元前520年
翻到吴国这一页

公元前520年，辛巳年，火星冲日，天显异象。

这一年，周景王薨，勾践生。他因遭满门抄斩，只身仓皇逃亡，一夜白头。

江天一色。眼前身后皆汪洋，除了水还是水。

过了江就是吴国，已经看得到堤岸。回头远望，那群追兵影影绰绰被抛在对岸，他安全了。小船在茂密的芦苇丛中撑开一条水道，他飞身上岸。

这人是伍子胥，满怀深仇大恨，带着一身本事而来。

因为他的到来，这片水乡泽国在中国历史的大幕上迸发出耀眼的光芒。

伍子胥来到吴地的时候，这里天地寥廓，地广人稀，除了水多、鱼多，其他什么都不多。他是冲着一个人来的，这个人是阖闾。伍子胥早有耳闻，此人有气魄，有抱负，志向远大，能成大事。当然，也能顺便成就他的复仇大计。

当阖闾遇见伍子胥，吴地由此天翻地覆，中国历史也因他们而改写。

伍子胥来到吴地干的第一件事，是引荐专诸。专诸设计在一道美味炙鱼的肚中藏剑，刺杀了吴王僚，阖闾于是当上了吴国君主。这一事件还有一个副产品——相传这道美味炙鱼后来演化为松鼠鳜鱼，成为流传至今的苏帮名菜。

伍子胥来到吴地的时候，这里农耕落后，依旧蛮荒。孔子就曾说阖闾连王冠的礼制讲究都不懂，还声称要戴好王冠。意思是你玩玩鸟抓抓鱼也就罢了，有什么资格称王称霸。但阖闾有雄心壮志，他说，事在人为，当今天下最缺的是什么？人才！人才！人才！重要的事情说三遍！！只要多几个伍子胥之流，何愁成不了霸业！于是，伍子胥干的第二件大事，就是引荐了孙武。

孙武一来到吴国，就感觉到了这地方的不同。他从当地人的眼睛里、举止中看出了一股子气，这是战天斗地的士气、大干快上的朝气、锐意改革的锐气。这股子气，立刻感染了他。这股子气，无疑是被阖闾调动起来的。

伍子胥、孙武来到吴地，还附带说明了另外一个事实，吴地乃至今天的苏州，作为移民城市，由来已久。其成长发展都有外来人才的贡献。专诸是南京六合人，吴国开国君王、吴地人文始祖泰伯，也是从陕西岐山而来。

这一时期的吴地，社会经济文化呈现历史上第一个井喷式发展，蒸蒸日上，百废皆兴。伍子胥接着就干了第三件大事，相土尝水，围墙筑城，是为阖闾大城。苏州城市格局由此奠定，历 2500 年而不改。

20 年励精图治，阖闾终于开启霸业，吴国军队在孙武带领下攻占楚国都城，伍子胥也终报当年家仇。

历史，如同太湖里起起落落的波涛，总是有涨有跌。此后不久，阖闾在征伐越国的激战中重伤而死，葬在虎丘剑池下。伍子胥的故事，连同吴国的命运，也不可避免地进入拐点。他人生的下半场，跟一个女人的到来有关，她的名字叫西施。然后，这段历史徐徐落幕，每位演员的结局都被一一写就：入吴多年后，伍子胥被阖闾之子、吴王夫差逼迫自杀，至今每逢端午，苏州人都要隆重纪念他。悬挂他头颅的城门被后世称为胥门。胥门边上他主持开挖的连通太湖的人工河，被称为胥江。在太湖口，有个古镇，叫胥口，这里建有胥王庙，人们每年也都会祭祀他。

伍子胥的死让孙武心灰意冷看透吴王，他最终弃官隐去。如今的穹窿山留有多处孙武遗存，值得去追思。

伍子胥自杀 11 年后，越王勾践大败吴兵，夫差效仿旧臣，自刎而死，吴国灭亡。

至于西施，她的最终去向成了谜，催生许多美丽的传说。吴地人对她从来没有记恨，至今仍存留许多关于她的美好念想。

浪花淘尽英雄，帆影涛声依旧。他们的故事，共同铺垫起了这块土地的深厚底蕴。

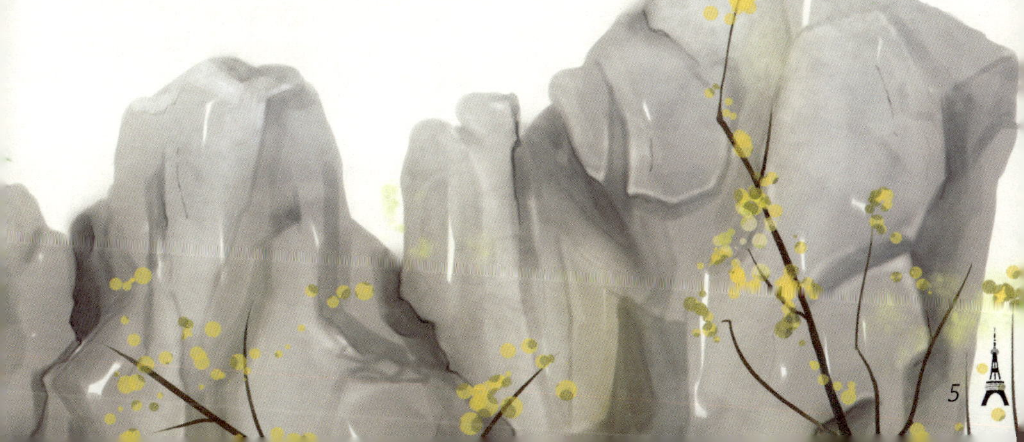

他的代表作，藏天地于穹窿

江南秀媚，苏州文弱。

前一句我同意，后一句不赞同。苏州的土著，骨子里绝对有着好强斗狠的传统。

春秋的时候，太湖边的吴中人披头散发，左青龙右白虎，老牛在腰间，龙头在胸口。再加上这里出产好铜矿，又有技艺高超的铸剑师。用现在游戏的术语说，春秋时的吴中，就是个“兽人部落”，还有大量高级“矮人铁匠”助阵，个个都是顶尖的战士。

但是，战争需要的不仅仅是顶尖的战士，还需要有脑子的统帅。于是，吴中人沉默了好些年。直到有一天，在穹窿山下，来了一位叫孙武的有为青年。这位山东大汉是中国非常出色的兵法家之一，三十岁以前，他在齐国并不十分有名。但是，多年对战争的观察，让孙武有了一种冲动。

他要写一本书。

是穹窿山吸引了孙武，还是孙武选择了穹窿山，这是个历史的问题。但是，在吴中这片土地上，没有比穹窿山更适合一个兵法家的了。山林幽静，七十二峰起伏连绵。在最高峰更是可以俯瞰姑苏大地。平原的土

地，就像巨大的沙盘，可以让孙武完成一个又一个兵法的构想。

一年时间，孙武在这里写了十三篇文章。后世，这些文章被称为《孙子兵法》。《孙子兵法》有名到什么程度？现代的美国大兵，进西点军校，都要读读这本中国古书。而在受中国文化影响深远的日本，这本书更

转发这“条”范蠡，如“锦鲤护体”

用人名来给一个地方命名，这没啥稀奇的。一般情况下，这个人要么是从当地走出去，后来名扬天下的；要么是在当地做了大好事，造福一方百姓的。但是，蠡墅偏偏就不一般，找了范蠡这么一个灭了自己老祖宗的人来当“代言人”。

拿时下流行的话来说，范蠡这一辈子绝对是“开了挂”。先是做官一路做到上将军，帮助越国复了国，勾践十年的苦胆也算没白舔；官做到顶了觉得没有奔头，索性辞了去做生意，然后轻轻松松实现了“一个亿的小目标”，成为全国首富，死了还被封为文财神，天天受人祭拜；业余时间的兴趣爱好是养鱼，一边养一边写写心得体会，一不小心就写成了世界上第一部讲养鱼的书《养鱼经》。更别说还有大美女西施陪伴在侧，这不就是一个“升职又加薪，当上总经理，出任 CEO（首席执行官），迎娶白富美，走向人生巅峰”的活生生的例子么！而且这个做过大官、发过大财的范蠡，最后以 88 岁高龄寿终正寝，绝对的天选之子，福寿双全。

范蠡大概是个纠结而又渴望维护世界和平的天秤座，当他倾前半生之力灭了吴

国之后，“和平卫士”的光环就开始显现出来：现在吴、越两地两极分化太严重，不利于实现共同富裕，我得想想办法。

俗话说“授人以鱼不如授人以渔”，范蠡早就知道这个道理，他高兴地一拍大腿：行，那就教吴地人养鱼吧！据说他老人家带着西施来到蠡墅，第一件事就是教老百姓怎么在池塘里养鲤鱼，而且一个塘里放多少条鱼，雌的、雄的各占多少比例，这些都有严格规定，是要保证优生优育的。为什么挑鲤鱼来养，范蠡说了：“鲤不相食，易生又贵也。”意思是说鲤鱼好养活又不会互相打架，还能卖个好价钱，我当然要pick（选）它了。不知道范蠡养的是不是锦鲤，这样倒也可以解释他这“开挂”的人生了。

除了养鱼，范老师还喜欢竹子，大概有文化的人都这样，可使食无肉，不可居无竹。不过范蠡家的竹子不是用来看的，而是可以生财的。他用很低的价钱把竹子收回来，竹竿做成梯子，竹叶做成扫帚，再拿出去卖，这样一来一回赚个差价，也是不错的生意呢。

有这么一位“中国辞官下海第一人”带着大家共同致富奔小康，老百姓当然感激涕零，赶紧把他的名字立在吴中大地上。至于霸越亡吴那笔账，就算在大BOSS（老板）头上吧。

Tips

吴中区跟**范蠡**相关的痕迹多在长桥街道，古的有蠡墅老街，是个原生态的居民生活区；新的有范蠡公园，离石湖不到一千米。公园很小巧，环境优美，小桥流水、亭台楼阁一样不少，还能读到范蠡的《养鱼经》。晚上很热闹，住在附近的大爷、大妈们都喜欢去那儿开“舞林大会”。

开放时间：6:00~21:00

门票：免费

那些跟枫叶一起红了的人和事

“山不在高，有仙则名。”这句古话如果翻译成白话文，意思就是如果这座山从自然风景角度难以营销，那我们可以考虑用人文来包装它。

天平山，是典范。

从登攀的角度，这座山很一般。山路并不险峻。我六岁大的儿子在我保驾护航下，仅用了一个小时，就优哉游哉地完成了他人生第一次登顶。

但是，一个范仲淹，让这座山显出了几

分灵光。

从堪舆学的角度讲，天平山的位置、走向等，都属绝佳，所以吸引了这一大家子人。老家在陕西的范家迁居苏州，就在天平山下定了宗祠，埋下了祖坟。感谢天平山优良的风水，从此范仲淹的履历上就写上了吴县人。不过，范仲淹本人却是在徐州出生，在山东长大，然后一辈子在各地当官。他与苏州的第一次接触，应该是两岁左右来到苏州为父亲守灵。当然，年幼的范仲淹是在天平山落脚的，他跟这座山的缘分也由此难解难分。然后没多久母亲就改嫁了，带着范仲淹跟着他继父去了山东。

多年以后，再次回到天平山的范仲淹早已是一名游历宦海多年的成熟官僚。回到了桑梓之地，范仲淹估计也是蛮激动的。所以，

这位读书人在苏州着实干了几件好事。办府学，现在的苏州文庙，最初就是范老先生建起来的。

范仲淹死在徐州，最后葬在河南。不过苏州人是很在意这位老乡的，所以在天平山下范氏宗祠的位置，为这位“老乡”修了纪念馆，还立了刻有范氏名言“先天下之忧而忧，后天下之乐而乐”的大牌坊。

当然，天平山上还有很多各朝各代文人留下的痕迹。现在，这些都是很好的人文景观。再配上天平山的怪石，一路爬上去，景色的确不错。如果你选在秋天红枫满山时来，那景观更好。这是摄影发烧友最爱扎堆的季节。

枫叶也不是毫无来历，天平山东南麓之古枫，是明代万历年间范仲淹十七世孙范允临从福建带回、植于祖茔之地的，至今枝繁叶茂。

Tips

天平山景区虽然不算大，却和北京香山、南京栖霞山、长沙岳麓山，并称中国四大赏枫胜地。秋天是当之无愧的旺季。如果春夏时节来，可临泉品茶，体味白居易“天平山上白云泉，云自无心水自闲”的雅境。从苏州轨交 1 号线木渎站到天平山风景区约 2 千米，打车起步价，骑小绿车也就[illegible]。

开放时间：7:30~17:00

门票：30 元 / 人

Tips

叶圣陶的甪直痕迹：

叶圣陶墓园在保圣寺西院内。

叶圣陶纪念馆是叶圣陶当年任教的“吴县第五高等小学”旧址。里面有关于他一生的详尽的介绍，有教育、文学、社会活动以及爱情等方面的。

万盛米行是甪直镇一家老字号店铺，始于民国初年（1912），由镇上沈、范两家富商合伙经营后转殷家。米行规模宏大，有存放米食的廒间近百，是当时吴东地区首屈一指的大米行，成为甪直镇及周围10多个乡镇的粮食集散中心之一。新谷登场，舟船汇集，是《多收了三五斗》所描绘的热闹场面。

以上景点都在甪直古镇内，建议买古镇联票，78元/人。

道一声先生早，
在甪直寻找叶圣陶

早起的阳光，越过高耸的马头墙；倔立的瓦松，沐浴着生命的礼赞。鸟雀唧啾，在屋檐上跳来跳去，唤醒了驳岸边的杨柳。挎着布袋书包的小学生，在廊棚里追逐嬉闹，脚步扰乱了古镇的晨光。

香花桥上露珠尚未消退，湿漉漉地向着悠长的香花弄蔓延。数着步子，走过结着青苔的石板路，保圣寺的晨钟响起。紧随着佛国梵音，一墙之隔的小学堂，也即将响起上课的铃声。一位清瘦的年轻人，穿着青灰色长袍，捧着一摞书，立于校门外，三三两两的小学生从他身边经过，恭恭敬敬鞠了一躬，喊道："先生早！"

年轻人微微躬身，笑着回应："早。"

那声"早"，是标准的苏州口音，说得认真且又软糯。

这大抵是 1917 年发生在角直古镇的片段。那一年的早春，梅花开得灿烂，苏州青年叶圣陶，在寺庙旁的这所小学堂，当起了教书先生。

叶圣陶是破冬的一缕春风。

1912 年，18 岁的叶圣陶中学毕业，因家境贫寒，无力继续深造，便在校长的推荐下，到干将坊言子庙的苏州中区第三初等小学做了一名教员。

出生于 1894 年的叶圣陶，见证过清朝的内忧外患、风雨飘摇。他认为，教育最主要的意义，是培养出一个个自由的人。“有一种弊病，就是学生在校里，只知道读书……换一句说，便是偏重读书，忘了人生。”

然而，执教之初，这位理想主义者，如其日后创作的教育小说《倪焕之》中的主人公一般，遭遇了现实的重创。

他在课堂上宣扬独立和民主，给学生讲述鲁滨逊孤岛漂流的故事以释独立；讲美国总统林肯的故事以扬民主；讲武昌起义和辛亥革命，以引导学生关心国事。这背后，是叶圣陶一颗“从事教育以改革我同胞之心”。

但这并不符合当时的教学规范，1914 年，校方以减缩班次为由，将叶圣陶排挤出校。

由于生活的逼迫，叶圣陶只能临时卖文为生。

1917 年，角直向这位苦闷的青年张开了怀抱。当年春，23 岁的叶圣陶受校长吴宾若之邀，到角直吴县第五高等小学执教。

在这里，叶圣陶仿佛走进了一个理想王国。在近五年的时间里，他和校长吴宾若、同事王伯祥志趣相投，对教材、课程、教育教学方法进行了一系列大胆的革新，意气风发地开展了一场轰轰烈烈“为人生而教育”的乡村教育改革实验。

他自编学生教材，在国文教材中将白话文、新文学作品和乡土教材引入课堂；自掏腰包购买大量的中外名著以及《新青年》《新潮》等进步刊物，创办了博览室和利群书店。

“我决不将投到学校里来的儿童认作讨厌的小家伙、惹得人心烦的小魔王；无论聪明的、愚蠢的、干净的、肮脏的，我都要称他们为‘小朋友’。”

先生授课，与古板的私塾先生不同，尽是挑有趣的讲。先生授业，不仅传授知识，更注重培养孩子的生存技能和完善其人格。

为了给学生传授种植技能，他办起了生生农场，与同事一道带领学生，在校园西北面的鲁望祠堂边，挥锄破土开出一片

田地，师生一起种植蔬菜，一起分享劳动果实。

为培养学生的经营能力，他办起了利群商店，销售学习用品和糕点食物，由学生轮流当掌柜，感悟商业之道。

他倡议学校建立音乐室和篆刻室，对学生实施素质教育；在校园内搭建戏台，自编自导自演，每有新戏上演，镇上男男女女都赶来观看，比到乡下看草台戏还热闹。

他时常带领学生拜谒陆龟蒙的衣冠冢，在陆龟蒙石碑和洗笔槽前，评价陆龟蒙揭露现实、哀悯农民的诗文。

在角直，他开始了文学创作，在他租住的走马楼上，编辑出版了中国新文化运动史上的第一份新诗刊物——《诗》。

他在角直广泛接触农民，了解社会，创作了小说、散文、诗歌近百篇，著名短篇小说《多收了三五斗》、长篇小说《倪焕之》、童话集《稻草人》中的不少素材，都来源于角直，来源于他在角直执教期间的生活和教育实践。其中，《多收了三五斗》更是以角直万盛米行为背景，揭露了谷贱伤农的社会现象。

角直的5年，给叶圣陶留下了无法磨灭的人生印记。在这里，他和早年聚少离多的妻子，共度了一段恬静的小时光。

1919年5月，叶圣陶的父亲去世。办完父亲的丧事后，他把家从苏州城里搬到了角直，和外祖母、母亲、妻子胡墨林，还有刚满周岁的长子叶至善，一起过上了平静的乡村生活。

家就安在了角直东市下塘街的陈氏走马楼上。日常，他和夫人“晨晚到校返寓”，颇有些柴米油盐的小幸福。

胡墨林在五高女子部任教，除教语文外，还兼教家庭生活课，讲授生活技能。

她讲授的各种裁剪、缝纫技艺，很快就在角直镇传开了。到了晚间，常有三五成群的姑娘过来串门，向她求教如何描花剪样、裁缝针织。

如今辟作叶圣陶纪念馆的小学堂，东面有座女子楼，就是胡墨林昔日任教之所；西面的四面厅，通畅明亮，是当年五高的博览室；旁边的鸳鸯厅，便是叶圣陶当年办公所在。

白天一起在学校教书，夫人就在隔壁；家在小镇上，推开窗，便是小桥流水的风景；门口是小河，可以洗衣淘米；楼下是老街，升起炉子就能做饭。这段恬静的小时光，再也没有走出叶圣陶的心。正如他自己所说："这里有我真正意义上的教师生活""角直是我的第二故乡"。

或者还有一句话，他不曾说出口：那些日子，有夫人胡墨林的朝夕陪伴。

叶圣陶的日记中，常有这样的话，"墨不在家，便觉异样""墨不在家，余则寂然无聊"。简单几个字，道尽了伉俪情深。

在夫人逝世后，他曾有诗云："山翠联肩，湖光并影……惯来去、淞波卅六，篷窗双倚，甫里苏州。"

到底还是忘不了姑苏，忘不了角直。

叶圣陶弥留之际，常常念叨清风亭、斗鸭池、高高的银杏树和生生农场。

1988年2月16日，叶圣陶与世长辞。当年 12 月，先生骨灰安放进角直。自此，他与角直，这个忘不掉的第二故乡，再也不曾分离。

Tips

明万历三十六年（1608），**金圣叹**生于苏州，他是中国白话文运动的先驱。死后葬在吴中区木渎藏书地区五峰山下博士坞。五峰山脚下有道院，金圣叹墓就在道院的西面约1千米处，如果去凭吊，记得带上好酒和火腿。

花生米与豆干同嚼，到底什么味

最早知道金圣叹，不是通过其作品，而是通过其遗言。

“花生米与豆干同嚼，大有核桃之滋味”，小学时我就试过，感觉花生米是花生米，豆干是豆干，没核桃什么事。后来发现古书还有一说，金圣叹当时说的是“花生米与豆干同嚼，有火腿滋味”。我偏执地认为这个更可信，对一个“化屠夫的凶残为一笑”的狷狂才子来说，肉总比坚果更来劲儿。

别看他临死时那么嘴硬，其实个性很矛盾，有中国传统文人的通病，既清高不羁，又不舍名利。

就拿考试这件事来说吧，明清两朝每年会针对特定学生举行岁考，根据成绩好坏给予奖惩，一、二等有赏，最坏的六等黜革。金圣叹就是被黜革的那个，因为作文怪诞而当了“垫底王”。后来他又为了科举考试，把名字改成金人瑞，想赢的心路人皆知。结果考了第一，他又不去当官，以当个畅销书作家为乐，除了点评《水浒》和《西厢记》，他还编过八股文应试范本，教大家答题诀窍。

如果只是这样游戏科场又屡屡再考，也不算多大幺蛾子。送他上断头台的是一场针对江南名士的清洗运动——哭庙案。顺治十八年（1661），吴县县令任维初私自卖粮，酷刑逼税，激起民间愤怒。三月初，金圣叹与一百多士人到孔庙聚集，悼念顺治帝驾崩，给江苏巡抚朱国治上呈状纸，控诉任维初。政权尚不稳定的清政府有意威慑江南士族，逮捕了金圣叹等十八人，以叛逆罪判处斩首。临刑时，狂放不羁的金圣叹留下开篇的遗言。

有评论这样形容："他是17世纪的精神先锋。他的使命是惊世骇俗。乱世中，他最达观。浊世里，他最清醒。他是清醒的酒鬼，玩世不恭的才子，爱吃狗肉的佛教徒，精通哲学的神棍，恶毒的文艺批评家，视规则如狗屎的学者，反礼教的孝子慈父。他属于中国历代文人中有趣、任性又精神分裂的稀有物种。"

不过，他的另一举动亦令后人感到"崩溃"：当金圣叹听说顺治皇帝对自己的作品有"此是古文高手，莫以时文眼看他"的点评后，竟然扬眉吐气，激动地"感而泣下，因向北叩首"。他在点评文学作品时一再表达对诸葛亮、司马相如的追慕之情，毫不掩饰希望建功立业、获帝王重用之心。

这这这……简直集特立独行与奴颜婢膝于一身啊！

当然，金圣叹是古人，受时代环境所羁。在古往今来的文人当中，他已足够另类、独立。被生活欺负过的人更能理解金圣叹的故事，所谓的清高不存在，所谓的放荡不羁不存在，所谓的完人也是不存在的。你我皆凡人，生在人世间，既然不是仙，难免有杂念。有功名利禄的杂念，不丢人。

和洼地死磕，将归隐田园演绎成生产建设

Tips

陆龟蒙，苏州人，晚唐诗人、农学家，号甫里先生。曾任湖州、苏州刺史幕僚，后隐居在今天的甪直镇，编著有《甫里先生文集》《笠泽丛书》《耒耜经》等。因陆与皮日休交好，世称“皮陆”。名菜甫里鸭羹据说就是陆龟蒙款待皮日休的一道菜，老陆本人与鸭子的缘分极深，不仅喜欢斗还喜欢烹。其墓位于甪直古镇的保圣寺内。

说起会种地的诗人，陶渊明可能是中国历史上比较有名的一位。然而陶渊明种地，不过是借归隐的姿态浇胸中之块垒，不然也不会自嘲“草盛豆苗稀”，可见种地真不是他强项。与陶渊明相比，陆龟蒙这地种得可以说很认真了。

陆龟蒙出身于官僚世家，祖上曾官至宰相。他从小看着闪闪发光的族谱长大，年轻时也曾有兼济天下的抱负，可惜没赶上好时候。晚唐时经济已经十分不景气了，可是小陆又不甘心只给湖州刺史当个小小的助手，索性回家置田，从此只羡鸳鸯不羡仙。

明代的《姑苏志》记载陆龟蒙“有别墅在甫里，鲁望躬耕于此”。他有田数百亩、屋 30 楹、牛 10 头、帮工 20 多人，原本以这样的家底，完全可以过上自由自在的诗意田园生活。奈何他生活的甫里（甪直古称）地势低洼，常遭洪涝之害，害得陆龟蒙一家经常断粮。说起来，他也真是倒霉，想学陶渊明归隐，结果买块地，还是个洼地。在这种情况下，他只能老老实实地和这块地杠上了，以顽强的姿态投入农业生产劳动当中。毕竟，填饱肚子才是硬道理。

不过，陆龟蒙也没有忘记他作为一名文艺工作者的本分，平日稍有闲暇，便带着书籍、茶壶、文具、钓具等往来于江湖之上，写下了许多诗、赋、杂著，并于卧病期间自编《笠泽丛书》。除此之外，他还依据丰富的农耕生活体验写出了著名的《耒耜经》，被评为中国有史以来独一无二的古农具专志。

这就是陆龟蒙不同于其他隐士之处。他不是终日借酒浇愁乃至不可自拔，而是迅速找到了另一种身份认同与角色定位，甘以农、渔为乐。当他放弃成为一名有仕途的知识分子后，转身发现了一片更广阔的天地，终得以在农学和文学领域都占据一席之位，也难怪连鲁迅都赞赏他为“一塌糊涂的泥塘里的光彩和锋芒”。

Tips

范成大的身份不只是名臣、诗人，他还是书法家、地理学家，有学者认为他可以说是南宋时期的一部大百科全书。石湖风景区的十八景，大多与范成大有关。石湖西面是上方山国家森林公园、动物世界，这两个地方可以买联票，东面就是休闲滨湖地带，散步骑行饱眼福的，免费。

他姓范，所以特别有范儿

吴中人杰地灵，有范儿的人特别多，姓范的也不少，范蠡、范仲淹都是如雷贯耳的名字，还有一位名人，你可能对他稍感陌生，不过当你还是小学生的时候，十有八九背过他的诗——

昼出耘田夜绩麻，村庄儿女各当家。童孙未解供耕织，也傍桑阴学种瓜。

他就是范成大，南宋名臣、文学家、诗人，地道的苏州人。范仲淹和范成大两人同宗不同谱。范仲淹以心系天下著称，且终身浮沉宦海，病逝在上任颍州（今安徽阜阳）途中。范成大的人生则代表了典型中国传统文人的一生：在国破家危之时数度奔波外任，退休之后归隐石湖，相比范仲淹多了一段寄情乡间的晚年时光。

范成大晚年住在自己造的石湖别墅里，当年的别墅可不像今日豪宅，地理位置说得好听是依山傍水，不好听就是荒郊野岭。

他曾在《秋日二绝》中描绘别墅的荒凉："碧芦青柳不宜霜，染作沧洲一带黄。莫把江山夸北客，冷云寒水更荒凉。"

别墅建成以后，范成大在园中遍植梅花，常邀文人杨万里、姜夔、周必大等来游园赏花，赋诗作文。《宋词三百首》里有姜夔的《暗香》《疏影》两阙，就是他做客石湖别墅时所作的咏梅词。

事实上，寄情山水的范成大，内心无时无刻不充满国难当头却无力回天的痛苦。在当年，范成大出名更多因为他出使金国的一段经历。

南宋孝宗期间，朝廷曾组织北伐，但不幸失败，被迫签订了屈辱性的《隆兴和议》，和金国成为叔侄之国，协议中最屈辱的地方在于，此后宋帝必须站立接受金朝

国书。乾道六年（1170），范成大奉命出使金国，请求变更宋帝接受国书的礼仪。在金国朝堂上，他据理力争，却受到金世宗无理指责，还被金朝文武群臣用朝笏殴打。范成大仍不卑不亢反复抗辩，其浩然正气使金国君臣亦为之钦佩。此次出使没有达到预期目标，但范成大也算不辱使命，全节而返。回国后，范成大还以此次出使经历写了一本《揽辔录》。

石湖别墅里遍植的梅花，何尝不是范成大气节的体现？在艰难困境中，高洁、坚强，梅花正是范成大心中的精神图腾。今日游客在石湖公园的梅园赏梅，当知此处种梅别有深义。

Tips

赵宧光终生不仕，只以高士名冠吴中。清初，寒山别业曾分成几个寺和庵，现除法螺寺经重修尚存外，其他建筑都因山洪毁了。不过，寒山摩崖石刻还能看到，其中最大一块为乾隆帝御笔所书。感兴趣的也可以走走古御道和古石阶。

法螺寺在吴中天平山后的寒山岭，门票2元/人。

凡夫与麋鹿

提及诺奖得主屠呦呦，估摸着十有八九的人会谈论屠奶奶名字的缘起：呦呦鹿鸣，食野之蒿。巧合的是鹿爱吃的青蒿是研制抗疟良药的原料之一，这似乎是冥冥之中的注定。

这是一个什么都会产生关联的年代。传说食蒿之鹿，是古代风水中代表健康长寿的灵物瑞兽，是吉祥长寿、高官厚禄的象征。神话中，鹿百年化为白鹿，五百年化为玄鹿，千年化为苍鹿。有人说东西方文化虽大相径庭，可有时却难得地有机统一。譬如中式特色的南极仙翁和西方的圣诞老人，他们的坐骑都是鹿。

晚明吴中高士赵宧光（字凡夫）也爱鹿，他是宋朝皇室的后裔，全家老小都爱鹿，但赵凡夫与支遁一样豁然超脱，不以爱为名将爱物缚之，而是赋予了包括鹿在内的动物以平等权利。

赵凡夫的鹿游走在西山，山是野山，人迹罕至，凡夫来了，名之寒山。山不在高，风水为王。这里有林泉、溪涧、幽谷，一路山花烂漫，还有松柏、仙鹤、灵芝，奇珍异兽随处可见，宛若人间天堂，无处不祥瑞。在为老父赵含玄完成归葬“谢家青山”的遗愿后，赵凡夫便与妻子决心为父守茔，偕隐寒山，他们构筑“寒山别业”，读书稽古，不入城市。赵凡夫自号“寒山梁鸿”，其妻陆卿子便是“寒山孟光”，两人雅室把酒论诗，林泉闲逗麋鹿，幸福指数爆表。

赵凡夫的朋友们接踵而至，麋鹿也不认生。明代第一作手朱简在《过凡夫先生山居》中有“自非麋鹿群，去来松间路”的记述；晚明文坛领袖王穉登在《庚子早春寄怀凡夫于山中》有“渐看松柏大，转与麋鹿亲”的窃喜。陆卿子雨后采药拾菌，也常常偶遇麋鹿和狐狸。赵凡夫更是这样感慨他的云中庐——“寂无鸡犬吠，时有麋麀群”。

他时常在山林幽谷间优哉游哉，与松风相伴，与动物结缘。出门就见到母鹿带着幼鹿满山跑。他发现麋鹿性嗜水草，于是便用文字记录下来。有时他也凑上前去轧闹猛，近处一瞧，他发现水草不是青蒿，而是一种野生菰菜，极细，色白，像去皮的野竹笋，咀嚼几下，口中生津。白云苍狗，风云变幻，世扰俗乱，甚嚣尘上，他无心染指其中，唯恐避之不及。在这空山无人、水流花开的干净地乡居清适，避世小隐，夫妻双双，麋鹿为伴，禅意淡淡，岁月静好。所谓“诗书发冢功名薄，麋鹿同群岁月长”，便是如此了。

赵凡夫的宠物是麋鹿。他爱鹿，不是讨口彩式的追捧，而是源自内心的欢喜。凡夫于此山居半隐，谈笑鸿儒多，往来麋鹿亲，静享“到此已忘世，更探知若何”的快意人生。生前，他与申时行、叶向高等明朝高官诗歌酬唱；百年后，康熙、乾隆二帝慕名而来，警跸驻此，凭吊遗迹。史载，乾隆皇帝每回下江南都来寒山岭，还题咏了44首御制诗，直接提及赵凡夫的有16首之多，可见凡夫的魅力了。

当侠客还是隐士，对他不是个问题

在大多数读者心目中，李根源不算威名显赫。即使在小王山，当地人提起他也往往用“朱德的老师”这个头衔加以说明。但在民国时，本地人可是以苏州拥有他这位新苏州人而倍感荣幸的。

李根源（1879—1965），曾留学日本学习军事，在此期间加入中国同盟会。回国后曾任云南讲武堂总办，也就是校长。在这里，他和前来求学的朱德结下了师生之缘。1923 年，因为反对曹锟贿选总统，退出政坛，隐居吴中。

退隐的李根源来到吴中也没闲着，写书、办校、种树尝试个遍。一个云南人，写了 4 卷的吴郡西山访古记，还专门写了 1 卷虎丘石刻。这些还不足以显示他在文化上的造诣，后来他干脆参加了《吴县志》的编纂，作为编委编就《吴县志》40 分册。

当时山里娃上学不易，小王山附近的村子都没有小学。李根源就筹建了五六间平房，办了一所小学。1932 年，受陶行知在晓庄创办新农村的影响，李根源等人又在善人桥成立了实验农村。

解决好娃的问题，李根源将眼光投在了山上。小王山太秃了！怎么办？种松树！先来个十万棵。三五年后，荒山变成了绿油油的松海。他在松海之中建了一座名为小隆中的瓦屋，作为伙伴们吟诗酬唱的据点。黎元洪、于右任、李烈钧、章太炎、蔡锷、沈钧儒等名人都曾来此留词题诗。为保存这些墨迹，李根源特意雇用两名刻工，用了几年的时间，把题字陆续刻在小王山和狱峙山的岩石上。现在，这片石刻已成苏州的名胜。

乱世出英雄，乱世亦出隐士。很多时

候，英雄和隐士是硬币的正反两面，两种符号会集中在同一个人的身上。日寇侵华，李根源再也坐不住了。1936年，他为营救“七君子”而奔走；淞沪战事期间，他扶伤救民，收敛大批阵亡将士遗骸，葬之于藏书五峰山与马岗山，并为抗日阵亡将士披麻送葬；他倡议组织“老子军”，向蒋介石请缨参战，并被任命为云贵监察使，带队前往云缅前线督战——此时，他隐居苏州已经19年了。郭沫若当时曾就李根源在苏州的后方工作经历，写了战地通讯《轰炸中去来》，发表在《大公报》上，称赞李根源与张仲仁二老为“当代关云长”。

李根源再次回到苏州时，小王山乡亲们等到的却是他的骨灰。1965年，李根源病逝于北京，骨灰依他的遗嘱安葬于小王山。

章太炎夫人汤国梨曾经送给隐居苏州的李根源一首诗：“未许斯人说避秦，十年养志息征尘。凭君莫问兴亡事，乱世桃源有逸民。”李根源绝非不闻窗外事的隐士，“沧浪之水清兮，可以濯我缨；沧浪之水浊兮，可以濯我足”。这样的洒脱，他无法彻底做到。他因时局而隐，又因时局而出；即使做隐者，也有所作为。

“侠之大者，为国为民”。《三个火枪手》在国内的首个译名为《侠隐记》，如果用一个简短的词来描述隐居苏州的李根源，“侠隐”是再适合不过的。这样的侠隐者居于吴中，葬在吴中，实在是吴地的荣幸。

Tips

小隆中位于穹窿山东南麓，面向太湖，原名小王山，属于穹窿山风景区，但运营是独立的，门票50元/人。拥有华东地区最大的近代石刻群，民国年间数量最多、内容最丰富的摩崖石刻群。山不高，环境好，是休闲徒步好去处。

灯亮了，把历史照进现实

澹台，是人名也是地名。第一个字念啥？吴中人会骄傲地告诉你，tán，音同“谈”。

做人名时，它是个复姓，最有名气的代表人物就是吴中百姓感念的大儒澹台灭明。此人是孔门七十二贤之一，游学于江淮，在吴国、楚国等地讲学，曾经也有弟子三百，纵横显赫于荆楚吴地，可谓是孔老夫子在南方教学育人、礼仪治国的代言人之一。

据传，澹台灭明当年游历南方，曾到苏州吴中区，今天澹台湖一带结庐而居，开创苏州最早的学堂。后来，澹台灭明离开吴地，奔赴湖南、湖北、江西，去了荆楚核心带。沧海桑田，世事云烟，澹台灭明以前的居住地后来逐渐就地陷成湖。后人为纪念他，遂称此湖为澹台湖。

澹台湖现在在京杭大运河中段，顶着世界文化遗产的光环。当然这光环不是澹台湖独有，因为在湖的出口处还有一座秀美而古老的桥——宝带桥。

宝带桥来头也很大，唐代的宝贝，至今已有一千多年历史。当时，唐朝发展漕运，为把吴地的贡品抓紧运送到皇城，苏州刺史王仲舒便捐了自己官服上的宝带，助资修建运河边的纤道桥。后来此桥被命名为宝带桥，一说是因刺史慷慨解带，另一说是此桥

犹如宝带浮江，秀雅壮阔。

宝带桥守护了澹台湖千年，如今，终于在不远处迎来一位新伙伴——一座科技感十足的8字形桥梁，它连接运河风光带北区和澹台湖公园。乍看这桥，造型很拧巴，两条线在岸两边平地而起，在空中汇合打了个结。待夜晚灯光一亮，就会发现它拧得真美啊，运河涟漪，碧波飘带。灯光照亮了京杭大运河上南来北往的船只，照亮了澹台灭明教书讲学的身影，也照亮了传说中秋夜能同时看到53个月亮的倒影的宝带桥，将吴中的历史照进了现实。

Tips

澹台湖公园、宝带桥、京杭大运河风光带统统免费，沿河散步非常舒服。运河年轮广场是新建的，从这里可以走上8字形桥梁，将运河风光和宝带桥尽收眼底。

正经成语的不正经解码

覆水难收

主演：朱买臣

剧情：西汉吴县人朱买臣，其前半生完美诠释了"百无一用是书生"这句话，隐居穹窿山，特别喜欢读书，还特别穷。但是他不在乎，安贫乐道。可穷日子过久了，他老婆受不了，离了。后来，朱买臣当了大官，回乡时遇上前来求复合的前妻，朱买臣这人戏也很足，没答应也没拒绝，倒是泼了一盆水在地上，说你要是能把这水收回盆里，我们就再续前缘。两千多年后，有人入戏了，周华健唱了一曲"爱到尽头，覆水难收"，让老朱欢喜让老朱忧。

断齑（jī）画粥

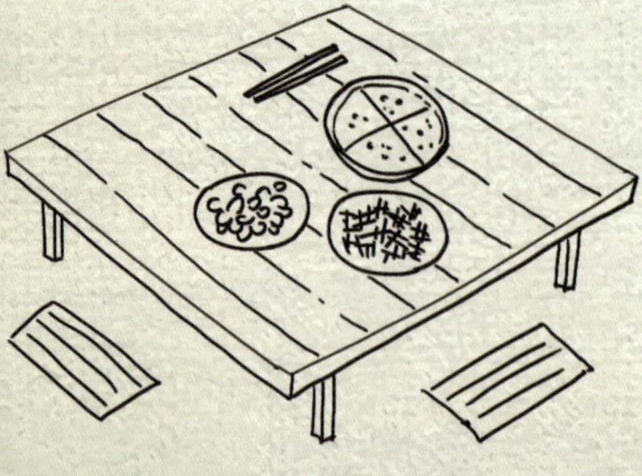

主演：范仲淹

剧情：成年后接受了天之大任的范仲淹，小时候也是从饿其体肤开始的。家贫又赶上天寒日子，晚上做盆粥，早上就凝成一坨了。小范就用刀切成四块，早晚各吃两块，就着酱菜啊、碎韭菜啊充饥。半大小子没点油腥，每天只能吃个半饱，剩下的半饱全靠精神食粮。可能看到凿壁借光、悬梁刺股这些比他还惨的小朋友的故事，也就觉得没那么饿了。

举案齐眉

主演：梁鸿、孟光

剧情：汉代有一青年才俊叫梁鸿，青春年少、德才兼备，求爱的女子那是拒绝一波又扑上来一波，也不知道他想要啥样的。同乡一姑娘，三十岁了还没婆家。注意，两千年前的三十岁姑娘啊，电视相亲节目都拯救不了。更何况《后汉书》里描述她"状肥丑而黑"。但是人家有梦想，梦想是嫁个梁鸿那样的人。梁鸿的脑回路也是清奇，一听这事就同意了！下聘了！结婚了！"土肥圆"逆袭了！可是婚后数日梁鸿都不理新婚妻子，原来她为了取悦丈夫，着艳服，化浓妆。梁鸿说，亲，用力过猛了，我就是喜欢你的朴实啊。于是妻子卸妆换装，审美异于常人的梁鸿这下高兴了，还给她起了个名字叫孟光。后来，很帅的梁鸿和不那么美的孟光来到吴地，帮人舂米。孟光一生都保持着对丈夫的崇拜，每次给夫君端饭都把托盘举到眉毛处。#肱二头肌一定很发达#

以貌取人

主演：澹台灭明

剧情：孔门七十二贤中有个叫澹台灭明的，字子羽。一个字形容此人——丑。书上说"状貌甚恶，欲事孔子，孔子以为材薄"。原来秉持有教无类教育理念的孔子也被打过脸呀，看人丑就以为人没啥能耐。澹台灭明后来到吴地结庐修学，跟随他的弟子有三百人，声誉很高，各诸侯国都有他的粉丝。孔子听说后，惭愧地说了句名言"以貌取人，失之子羽"。由于地理变迁，澹台灭明当初结庐的地方后来陷落成了一个湖泊，即今天吴中境内的澹台湖。

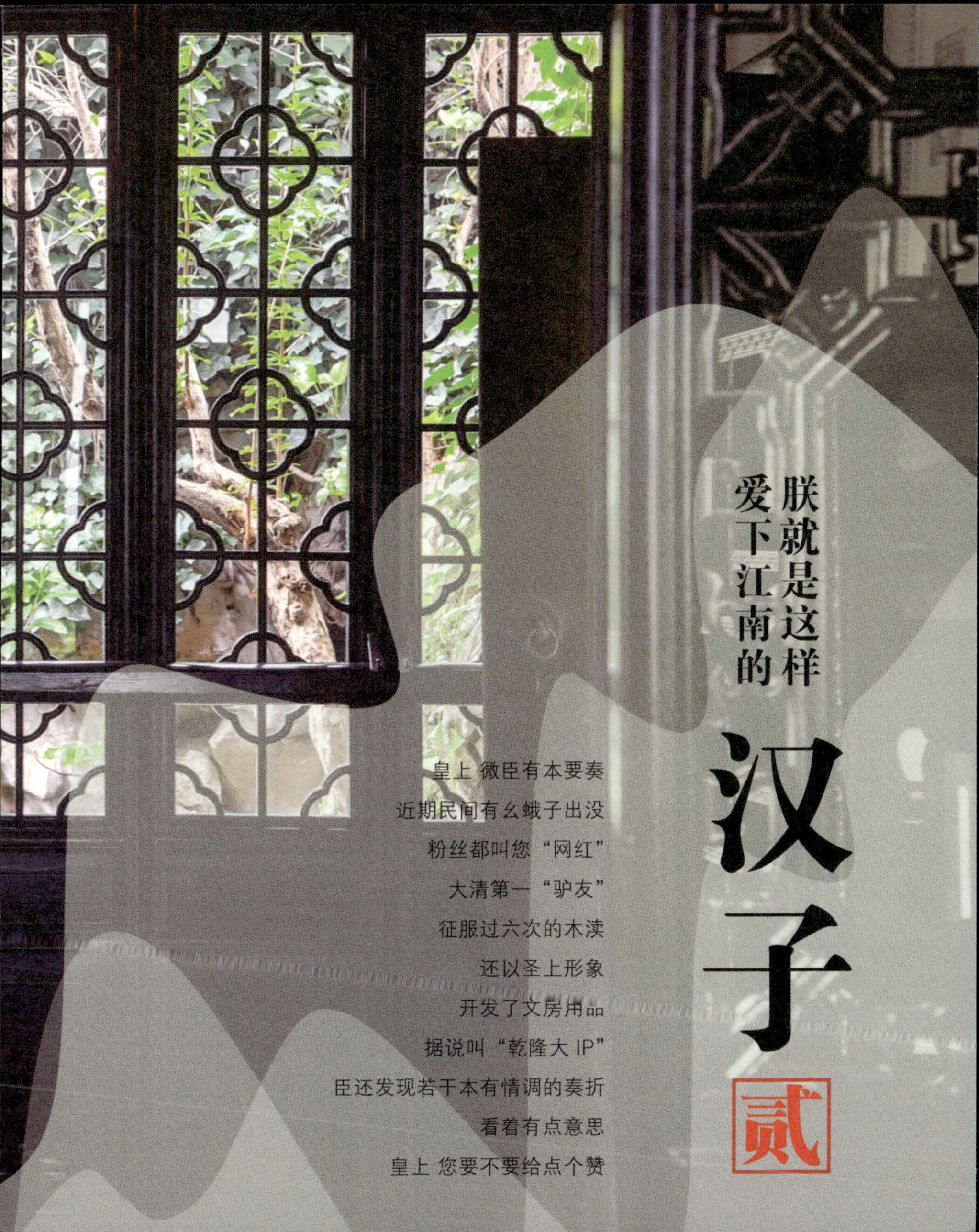

朕就是这样爱下江南的汉子

贰

皇上 微臣有本要奏
近期民间有幺蛾子出没
粉丝都叫您“网红”
大清第一“驴友”
征服过六次的木渎
还以圣上形象
开发了文房用品
据说叫“乾隆大 IP”
臣还发现若干本有情调的奏折
看着有点意思
皇上 您要不要给点个赞

中山西路
灵天路
灵岩山寺
游客中心
江南水乡旅行社
灵岩山风景区
严家花园
明清北街
山塘街
香溪桥
王家桥
永安桥
香溪岸ART+
明清南街
来木渎大于六次，
就能跑赢乾隆

香溪西路
姚建萍刺绣艺术馆
王立鹏美术馆
古松园
古松街
下沙塘街
翠坊街
虹饮山房
隽品堂
明月寺
山塘老街
香溪
西施桥
虹桥
斜桥
蔡家桥
邾巷桥
西街
榜眼府第
南街
邾巷弄
P

即便是“王牌特工”，也不是乾隆爷的对手

木渎古镇是乾隆六下江南的地方，这句广告词一出台，就唱响了大江南北。

木渎在二十世纪九十年代刚开始搞旅游的时候有过争议，因为文化底蕴丰厚，文化上的好东西太多，一下子拿捏不准木渎文化主打的定位，主要是春秋还是乾隆？

木渎因为春秋时期吴王造灵岩山上的馆娃宫“木塞于渎”而得名，春秋的故事不论是史书还是民间流传，可以说都是拿得出手的。

至今在灵岩山上，还留存着关于西施的井和莲花，以及很多关于西施的民间故事。四大美女中的西施，作为一个王牌特工，成功地运用美人计离间了伍子胥和吴王夫差的关系。最后，伍子胥掉了脑袋，向世人展示了一个男人阻止另外一个男人爱一个女人的后果，越国也成功地打败了吴国。结果就是吴越同化了，变成吴越文化，讲的话也相似，都叫吴语。

木渎的春秋文化，内涵很丰富。但相

较伍子胥的悲情，乾隆爷更有喜气和富贵之气，更接地气，更符合太平盛世观光旅游的时代要求。而且，当时正值《戏说乾隆》电视剧热播，也算是蹭了一番热度。天时地利人和，乾隆爷成功“PK”掉了西施这个王牌特工，拿到了木渎古镇的独家代言。

长长的老街依着长长的小河，两岸是清式的老房子。只有充分展现康乾盛世，方能够找到记忆深处的江南古镇的影子。小桥流水，粉墙黛瓦，小舟上渔人的吆喝，那是动人的吴歌。于是，严家花园、古松园、榜眼府相继修复，一条木渎古街的雏形诞生了。来寻踪问迹的人，循着柳叶和水波，络绎不绝。

狭长老街上的店面也开了起来，出售的是具有苏州味道的东西，店里面的老板娘是姑苏十二娘，分别是船娘、绣娘、织娘、茶娘、扇娘、灯娘、琴娘、蚕娘、花娘、歌娘、画娘、蚌娘。有部电视剧

就叫《姑苏十二娘》，范文芳主演的，十二个女人一台戏，可还了得。

乾隆皇帝六次到过的地方，是不是现在那条老街，很难确定，仅仅靠现在的御码头等东西佐证也不能有定论。但是，乾隆六次到木渎，这句话一点也不用争议。当时木渎很大，而且乾隆的行宫就在木渎寒山岭，乾隆六下江南，在寒山岭写下许多首诗，每一首诗都写明何年何月作，清清楚楚。所以，追随乾隆爷的脚步，“我来到你的城市，走过你来时的路”是一定不会错的。

![Tips]

木渎，古称渎川、香溪，一个2500多岁的江南古镇。有山有水、有吃有玩，开发较成熟。景点有严家花园、虹饮山房、古松园、灵岩山、天平山等；代表美食有藏书羊肉、乌米饭、鲃肺汤、枣泥麻饼、松仁粽子糖等；伴手礼可选择丝绸、双面绣、红木雕件、书画、姑苏十二娘的邮票等。一年四季都适合游玩，但最美当属秋天，赏丹桂红枫，品湖鲜羊肉。有帝王梦的游客可以到木渎游客中心定制乾隆VIP（贵宾）游线，穿龙袍，乘龙船，由格格导游全程服侍。古镇联票78元/人。

苏州轨交1号线坐到木渎站，步行约170米，到达中华园大酒店站乘游4路可到木渎古镇。全程约2.9千米，骑小绿车也很方便。

史上最贵搭配，为一棵树造一座园

我跟梁朝伟还是有些相似的，当然，不是颜值。

他厌倦了生活去伦敦喂鸽子，我没那么土豪，只能找个城边的鱼池喂鱼。虽然看起来档次不太一样，但我们都是追求精神世界的人。

古人在造园子的时候，境界跟我和伟仔都是一样的，寄情山水，舒适安逸。我去喂鱼的严家花园就属于此列，水上有桥，亭影荡漾，杨柳依依。

严家花园原是乾隆年间苏州大名士沈德潜寓所，几经转手，在光绪二十八年（1902）被卖给了木渎首富严国馨。严是孝子，请母亲赐个园名。严母说：“这里面住过很多名人，我很仰慕他们，就叫羡园吧。”虽然很随意，但母上大人的话还是要听的，这名字也就留下来了。

友于书屋南侧有棵广玉兰，据传是乾隆皇帝亲手栽下。当时，乾隆正在翻阅沈家藏书，不小心将盛有树苗的花盆打破了。这下尴尬了，你说你到别人家做客，还把人东西弄坏了，你是赔还是不赔？正

当乾隆傻眼的时候，聪明的沈家人开腔了：“这是树苗的幸运，天意让圣上把它种下。”乾隆爷喜笑颜开，内心给沈德潜全家点了1000个赞。于是，双方冒雨种下了这棵广玉兰。

不论故事的真假，但严家接手园子后围绕这棵广玉兰造园是真的。玉兰所在的春园是整个园林的核心，玉兰盛开之际，园子确实漂亮得很。

于是，在某个晴朗的春日，我的朋友圈留下了一段潇洒的文字：所谓生活就是写稿子写烦了，跑到古镇喂喂鱼，然后乘轨交回到办公室继续加班，像什么都没发生过一样。

Tips

严家花园是木渎古镇名气最大、造园艺术水平最高的苏式园林。前身是沈德潜的灵岩山居，1902年严国馨接手园子后，找来香山帮建筑大师姚承祖整修，姚设计了春、夏、秋、冬四个小花园，分别种上应季的植物，让小园风光四时不同。现代建筑学专家刘敦桢称其为苏州园林之翘楚。

严家花园的美景吸引了众多剧组，包括《如懿传》《萧十一郎》《射雕英雄传》《武林外史》《大明王朝1566》等剧的剧组。

门票：40元/人

地址：吴中区木渎镇山塘街188号

朕掐指一算，春晖楼的好戏开场了

一个产品给人的第一印象好或坏，代言人很关键。虹饮山房早在两百多年前就深知这一商界要诀，请了纪晓岚、和珅、刘墉等政界名人前来站台。也许你要问，人家不是还请了乾隆吗？不，乾隆纯属不请自来。

乾隆皇帝平生爱好众多，除了挑错别字儿、写诗、在字画上盖印章，还有下江南。京城风有点大，下江南吧；京城有点干，下江南吧；京城挺好的，可朕就是想下江南……人呐，总觉得别人的东西才是最好的，连皇帝也不例外，没事非跑到别人家的园子里住着。这别人便是木渎文人徐士元，这园子便是“溪山风月之美，池亭花木之胜”远胜过其他园林的虹饮山房了。

关于虹饮山房的名字由来有两种说法。第一种没什么亮点，只是因为园子毗邻虹桥；第二种就个性多了，据说徐士元嗜酒如命，故称“虹饮”。我自然是喜欢后者的，这样徐先生的简历上就不只是“文人”这么简单了，毕竟“酒鬼”的标签有时候还是很“吸粉”的。徐先生的第三个关键词是“孝顺”，为

了给父母解闷，他在院子里建了座春晖楼，取“谁言寸草心，报得三春晖”之意，每逢春秋佳日，便请戏班子为二老吹拉弹唱。后来，爱听戏的乾隆在此刷了几波存在感，春晖楼就被摆上龙椅成了御戏台，紧张兮兮的徐先生也不知道是该高兴呢还是高兴呢，赶忙雇来三个“保安”负责龙椅的安全。

虹饮山房至今依然有着极高的人气与知名度，恢宏大气、风光秀丽自不必说，一堆五花八门的奇葩展品也是有些功劳的。如果你觉得一个私家园林展出了清朝十代皇帝的二十道圣旨真迹不算什么的话，那把科举考试使用的丝织夹带和微型“四书五经”装裱展览可以说是非常没有偶像包袱了。如果早知道作弊也能“名垂青史”，我大学就不至于挂那么多科了。除此之外，宫廷用品展自然也是要有的，毕竟也是皇家御用级别的度假胜地。

其实，除了徐先生，虹饮山房还有另一位主人，清末刺绣大师沈寿，虹饮山房中的小隐园便是她的故居。不过这些都不重要，代言人这种活，还是乾隆干最适合！

Tips

虹饮山房由秀野园和小隐园两处明代园林组成，相对于典型的江南园林，虹饮山房多了几分恢宏，毕竟号称乾隆皇帝的行宫。不过乾隆不在这住，他住灵岩山上，刘墉和纪晓岚等随行大臣住这里。正文提到的展览在圣旨馆和科举制度馆。节日期间春晖楼有戏曲演出，千万不要错过哦！

开园时间：8:30~17:30

门票 40 元 / 人，讲解费 30/ 次元。比较划算的玩法是网上预定木渎古镇联票，其中包含严家花园、虹饮山房、古松园和榜眼府第等四个景点。

攒够经验值才能接大单

就像每个饭店都有自己的招牌菜一样，看似每个都差不多的苏州园林也各有招牌。基本上，亭台楼阁、假山奇石是苏州园林的标配。但有的奇石配置高，比如狮子林；有的假山配置高，比如环秀山庄；有的以苍劲的古树来给园子命名，不过你可千万别以为树是唯一的招牌。

古松园是木渎古镇的四大园林之一。院内有一棵明代中期的罗汉松，五百多岁了，看上去完全不像老者，身姿笔直，头发茂盛。罗汉松四周是一条斗折幽曲的双层长廊。如果纯粹欣赏自然之美，那光是置身于棕色栏杆、立柱和粉墙黛瓦编织的长廊中，也不失为一种享受。

但这不是古松园唯一的“招牌菜”。如果你仔细观察过东山的雕花楼，再看古松园楼厅

上雕刻的十六只凤凰，就会知道这两处雕刻出自同一位香山帮匠人之手。

说起来，雕花楼的主人和古松园的园主都属于当时赫赫有名的洞庭商帮。洞庭商人脑子活络，善于经营，在商界和徽商、晋商、粤商齐名。古松园园主蔡少渔祖籍洞庭西山，在上海做洋货生意，越做越发达。后来，他干了有钱人最爱的两件事——衣锦还乡、置业造园。论人生轨迹，他和东山雕花楼主人金锡之像一个生产线上造出来的。金锡之是洞庭东山人，年纪轻轻就去上海滩闯荡，走上人生巅峰后回乡盖房子。雕花楼 1922 年动工，造了三年，落成后是东山第一高民居，闲坐家中可观太湖。金锡之当时找的雕刻领班赵子康，是一个既通木雕又擅长砖雕和石雕的复合型人才。其实，更早些时候，赵子康先接的是蔡少渔的单子，在更具清朝小园特色的古松园里展示了一把身手。

古松园的大厅古松堂，梁架

正中的方椽上刻有八只琵琶，名为“八音联欢”，和苏州弹词开篇的同名曲牌相呼应，这个造型在江南园林建筑中绝无仅有。雕花楼有个凤凰厅，刻有八十六对凤凰；古松园也有凤凰厅，不仅刻了凤凰，还刻了十六只倒挂的花篮。檐枋上刻的全是各种吉利小玩意儿，画、书、信、元宝，寓意为书中自有黄金屋；梅花、荷花、菊花、山茶四季花卉放于瓶中，寓意为四季平安；花瓶插三根画戟，寓意为平升三级；梅兰竹菊，象征品性高洁；还有大象代表吉祥，狮子代表权威。基本上，赵子康把能想到的吉祥物都雕出来了，蔡老爷甚为满意。

猜，金锡之为造雕花楼发布招工启事时，前去应聘的赵子康应该在简历上浓墨重彩地介绍了古松园的工作经历吧，毕竟这个项目还是相当拿得出手的。不然才二十岁左右的小伙子，又怎会成为雕花大楼的雕刻领班。

Tips

古松园不大，坐在回廊能见罗汉松、池塘、喷泉、假山，能见园内一切风光。小巧倒也精致。池塘北侧是姚建萍刺绣艺术馆，传统的楼阁式建筑与古松园很和谐，里面陈列着一百多幅姚氏刺绣精品。

地址：木渎古镇山塘街，鹭飞桥东

门票：20元/人

讲解费：20元/次

这里的石雕超精细，不看原图也不可惜

热闹的木渎古镇上有座不大的老宅，它就坐落在寻常人家的小巷子里，一条小河将这座宅子与成排的商铺分隔开来。一边热闹无比，一边静静矗立着。这座老宅就是榜眼府第，晚清思想家冯桂芬晚年的家。

对于“历史是数学老师教的”我来说，一听冯桂芬这个名字觉得是个女娃，其实人家是纯爷们儿，出生在桂花吐芬芳的时节。冯家祖上非常富贵，只可惜一场大火导致家道中落。桂芬这孩子倒是很争气，自幼聪慧又很勤奋，深得林则徐的赏识。林则徐称他为“百年以来仅见”的人才，收为学生。后来，他还入了李鸿章的幕府，算得上改良主义的先驱人物。冯老师曾经写过非常著名的作品《校邠庐抗议》，是其向当时的执政者进言的社会深化改革方案，可谓热血中年人的巅峰之作。

背景介绍完毕，接着看他的私宅。

老宅有三宝，还都是雕——不是杨过的那个，是展现老祖宗工匠精神的砖雕、木雕、石雕。砖雕在门楼上，木雕在门扇上。庭院东侧廊内的石雕《盛世滋生图》值得说道说道，它的原画是清朝宫廷画师徐扬所绘，有12多米长，历时24年，图中描绘的村、镇、城、街，有一半在木渎，里面车水马龙、湖光山色。可见，当时作为江南商贾重镇的姑苏在康乾时期相当繁华。原画现藏于辽宁省博物馆，如果有机会一睹真容，

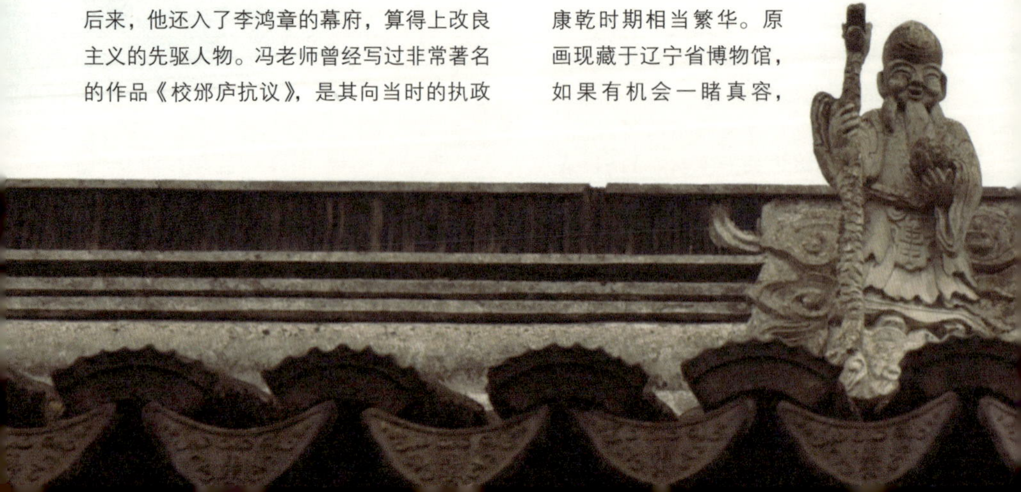

不要惊讶于它东一块西一块、大大小小的方印，我们的乾隆爷就是这样一个喜欢在别人画作上“贴膏药”的汉子。如果没有机会看原图，那么榜眼府第这块由木渎民间雕刻家所刻的石雕也足以满足你对姑苏昔日繁华的想象。

园子不大，参观路线很简单。校邠庐分成前后两部分，跟拙政园的卅六鸳鸯馆很像。不过到了校邠庐前方的书楼，冯老师的另一个身份就藏不住了——藏书家。他的一万册藏书曾在此存放，尤为著名的就是《三国志》手稿。

过了中部的芙蓉楼（现为周士心美术馆），格局瞬间开朗起来。从冯老师紧张的工作、学习状态，转入了后花园模式。以池塘为中心，榭、廊、亭、桥依次排开，布局合理。尤其是夏日时节，池塘里的荷花盛开，令人心旷神怡。邀月招云榭、望山亭、小桥……这是你想要的园林的样子。

从老宅出来，小巷里老人们在聊天，还有阿婆在遛狗，百姓与时间留下的遗产安静和谐地相处着，偶尔还有孩童的打闹声飘来。日子就这样慢慢流淌。

Tips

榜眼府第在吴中区木渎古镇下塘街，从古镇停车场沿河边的小路向西走过去就能找到。前宅后园结构，是典型的清朝江南宅第园林建筑风格。参观路线非常简单，分为东西两路。进门后沿着右手边一直走，向左转就可以。进门前记得抬头看一眼房梁上的大螃蟹，音同“榜”，很萌。

门票：10 元 / 人

高僧讲经授道

廊檐的风铃听了 1500 年

玄墓山花开成海

妙玉采雪收了一瓮泡茶

渔港的桅杆挑起夕阳

渔民和鱼虾

一起回港

每一幕 都很

光福

佛光普照

广种福田

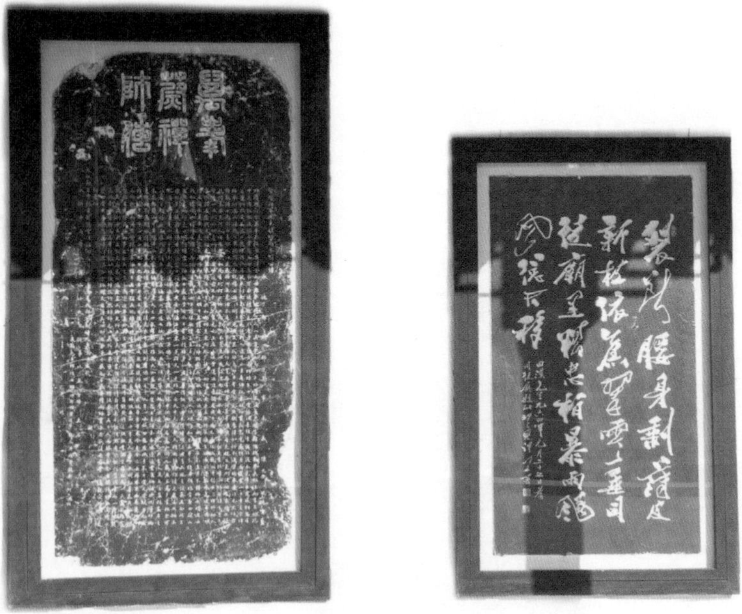

所有 HR，都应该拜拜这位大神

邓禹应该算得上汉朝非常出色的 HR（人力资源工作者）之一。

13 岁，本该是疯狂追逐 TFBOYS 的年纪，邓禹却在此时，西去曾经的世界中心长安接受高等教育。其间，他结识了一位叫刘秀的男同学。也许是算准了他将来要成大事，二人交往甚密。历史的机缘巧合也证明了邓禹这个“心机 BOY”判断准确。

学满毕业后，二人回到家乡，开始沿着各自的路线发展。邓禹关心天下大势，成了情报收集分析师，并朝着战略家的方向迈进。刘秀则跟着哥哥干起了革命，并投靠了当时的皇帝。

故事在皇帝嫉妒兄弟二人日渐强大时发生了变化。那会儿，皇帝杀了刘秀的哥哥，刘秀被转业安置到偏远地区。

机会对于所有人来说都是平等的。虽然远离朝廷，但刘秀仍然决定二次创业、东山再起。在家韬光养晦的邓禹也着手建功立业。一直在积蓄能量条的邓禹追到河北境内，赶上刘秀大军。刘秀问他是否需要一官半职，邓禹坚决地回答："不！我不是你想象的那种人！我只觉得你有帝王之相，希望你的威名能传遍天下，我希望能为此奉献微小的力量。"刘秀一听，顿时觉得老同学"骨骼清奇"，愉快地将其收入麾下。

看，收起野心和锋芒，换个说法就能让大老板更舒心，可谓职场讲话的艺术。

如果只是发掘了自己的才能并站对了队，那邓禹在 HR 这方面还不够优秀。在加入刘秀创业大营后，其举荐的多名将领都在战场上发挥了关键作用。刘秀每逢选人用人都会去征求邓禹的意见，其明星团队"云台二十八将"的诸多高层领导都由邓禹举荐。

邓禹几乎参与了刘秀所有重要的决定，在帮刘秀铸就霸业后终于进入了东汉的核心管理层。

Tips

司徒庙相传是东汉大司徒邓禹的归隐处。老家在河南的邓禹年轻时就认识了当时还未发迹的刘秀，直到刘秀当了最高统治者，辅佐他治天下。司徒庙里最著名的是"清""奇""古""怪"，就是邓禹他老人家所植的四棵古柏，树龄 2000 岁。乾隆爷南巡至此，见这四棵树骨骼清奇，赐名"清""奇""古""怪"。另外，园内还有棵歪脖子的黄杨，1000 多岁了。

邓禹草堂、数鱼亭、淡泊湖、梅林……园林虽小，景色却很别致。

地址：吴中光福镇香雪海村福湖路

门票：25 元 / 人

吃一口乌米饭，

念一声阿弥陀佛

来过天池山的人，纷纷表示“姑苏名山无多少，唯有天池形势好”这句诗，不是托儿写的广告语，人家是“真·好山好水好风光”。

天池山有三宝：寂鉴寺的石屋、垄雷泉、莲花峰。

寂鉴寺的石屋分东石屋、西石屋和西天寺。国家级的宝物那不是闹着玩的。元代的建筑，同类型的全国总共才寥寥几处。石殿前刻着三个字：真彼岸。琢磨半天，有醍醐灌顶之感。

垄雷泉的水有点甜。这泉水适合派三大用场：泡茶、煮面、做乌米饭。

垄雷泉的水首选用途是用玻璃杯泡绿茶，既清香又回味甘甜。玻璃杯的妙处，一是观茶色，如青萍醉烟波；二是观茶叶形态，似窈窕淑女踮起脚在云端翩翩起舞。天池山一带也产茶，其鼻祖是晋代在此开山立派的高僧支遁和尚，他第一个引进茶树，在天池山一带拓土种植。据说，那时候，王羲之也经常与支遁和尚约茶，谁在山头一喊，另一个人就屁颠屁颠串门去了。在寓情山水、高谈阔论的时候，喝的就是这垄雷泉泡的茶。估计这泉水带仙气，能开启灵智、洗筋伐髓，所以，这两位好茶友，一个成了得道高僧，一个成了“书圣”。

天池山的素面，是苏州人舌尖上的记忆。想当初，我还是一介小毛孩的时候，从山另一边的白马涧，手脚并用攀爬过陡峭的台阶，越过莲花峰，再来到寂鉴寺。汗出得像泥猴子一样，不是来礼佛的，就是心心念念这一碗素面。菜籽油的汤底黄澄澄、香喷喷，一大碗面基本上来不及咂摸滋味，就风卷残云、没喉咙般直接下肚。

还有在农历四月初八，苏州人必吃的乌米饭。因为那天是释迦牟尼生日，在吴方言中，“乌米”与“阿弥”谐音。吃一口乌黑锃亮的乌米饭，念一声“阿弥陀佛”，就是纪念佛祖诞辰了。

不管是素面还是乌米饭，天池山出品的，必属佳品。谁占头功，各位心知肚明了吧。

看莲花峰，较适宜的时间是烟雨迷蒙的三月，或者秋雨阑珊的时节。

莲花峰挺稀奇的，就在山顶，几块大石头状如含苞待放的青莲。这几块石头凭空出现，像天外飞石一般，而且形状又特像芙蓉出水。到底哪里来的？是不是佛祖放在这山顶备用的？

烟雨中看莲花峰，只见流岚升腾弥漫。雨天，游客罕至，除了你自己，世界一片静寂。山岭仿佛瑶池仙台，一朵青莲袅袅娜娜在烟雨中兀自摇曳。此情此景，直让人心境空灵，一任阶前，点滴到天明。

Tips

天池山与天平山、灵岩山一脉相连。半山坳中有一狭长的水面，色如翡翠，取名天池。天池山和花山一票相通，有两个停车场，如果两边山头都走一遍的话，可以从一个山门进另一个山门出，两个停车场间通过共享电动车互通。山不高，适合老人、孩子游玩，全程走下来约三个小时。素面15元/碗。

天池山西南边两三千米处有个白象湾生态园，里面有[illegible]水灾、地震等灾害的逃生体验馆，小朋友会喜欢，也适合全家出游。

门票：天池山、花山 60 元 / 人，白象湾 60 元 / 人

为每一棵春天写一朵诗

想起角直。

必定是那年的三月。那年的三月必定是一个烟雨天。我必定穿着云朵或者棉花。我必定心花怒放。终点必定花草芬芳。必定有一棵青草，曾连续三次轻轻拂过我的裤脚。

那天我必定写了一首诗——《为每一棵春天写一朵诗》。2018 年 3 月 19 日，古镇角直，踏青，阴。但花草已盛。

三月的那一天，一路期待着终点。双手握着一瓶绿茶，双脚踏进角直。多好啊，有细雨。

向前走，随意逛。驻足欣赏，走马观望，跟着感觉，穿行徜徉。不必苦思，无须冥想，会心一笑，转身即忘，更见悠长。

游历古镇，有人游的是历史。以前，我历的也只是文化。踏着角直的石板，我什么都不想考究、不想斟酌、不想在乎，只想感受此刻，无关历史，不涉文化。

讲究历史、文化，要把眼当眼看，把耳朵当耳朵听，太专注，不新鲜，于是乏味，于是疲倦。

在这里，在角直，要用通感，感受历史文化浸泡的生活。让耳朵翻开斑驳的砖墙，聆听时代和生活的变迁，每一个角落下都孕育着一棵青草；让眼睛叫醒沉睡的尘埃，注视时光和生命的私语，每一块古砖下都奔跑着一只蚂蚁；让鼻子和脚散步，传递春的消息；让舌头与手携手，抚摸春的味道。

这是一个多么美妙的甪直，这是个多么丰富的春天。在这里，所有的感官都超载了，所有的形容词都黯然失色了。

青砖黛瓦、流水横舟，不需多言，自是古色古香、意境悠远。在我看来，这些都只是完美的背景，是烘托，是调剂，就像汤里的盐。“天街小雨润如酥，草色遥看近却无”才是我关注的最美的感觉。形容词都回到了故乡，回到了自然，回到了草尖，回到了树梢。

形容词活了。满满的一树，结的都是形容词，伸手一抓，就是满把的诗，无论是谁。

每一棵青草，都是一个完整的春天。我要为每一朵花，念一首关于青草的诗。

Tips

甪直原叫甫里，传说神兽甪端路经甫里，见这里是块风水宝地，便长居于此，从此甫里没有战乱灾荒，镇民丰衣足食。甪直以桥多出名。镇上原有石拱桥72座半，目前尚存41座。桥下流水，水上行船，两岸都是石板路，路边鳞次栉比地开着各种店铺。如果是找清静，那么最好在清晨或夜晚出没。进甪直古镇是不需要门票的，想参观里面的保圣寺、万盛米行、叶圣陶纪念馆、萧宅等景点可以网上购买联票，50元一位，现场购票78元一位。

甪直，
神州水乡第一镇
西市下塘街
保圣寺
（叶圣陶纪念馆）
沈宅
香花弄
沈宅
西汇上塘街
甪端广场
西汇下塘街
游船码头
甪直游客中心
甪直旅游公司
稻市弄
甪端
南市上塘街

甪直游客副中心
西市上塘街
东市上塘街
民宿酒店
东市下塘街
思安浜码头
萧宅
王韬纪念馆
中市街
儿童乐园
文化
工艺品街
北区
东北入口
西北入口
南市下塘街
美食村
古戏台
中心花园
育才路
东区
甪直水乡妇女
服饰博物馆
休闲水街
接待区
西南入口
甪直历史文化博物馆
东南入口
张省艺术馆
万盛米行（农具博物馆）
万盛米行码头

罗汉和表情包自由切换

来保圣寺，惊喜不止一处。一进山门，定睛一瞧，哟，这不是贾雨村住的地方嘛！1987 版的电视剧《红楼梦》开篇，那个“敝巾旧服”但志存高远的贾雨村正是在此处“舞文弄墨”的。再进山门，无意一瞥，哎哟喂，这不是孙悟空变的大殿么！仔细瞧那天王殿门前的两扇桃花窗，孙猴子的眼睛正直勾勾地望着你呢。原本以为只是一个寺庙，可越看越有味道，这波来得不亏。

三进山门，才见镇寺之宝。俗话说“天下罗汉两堂半”，一堂在济南，一堂在吴中东山的紫金庵，而这个半堂，就在保圣寺。据古籍记载，原先保圣寺的罗汉共有十八尊，相传是唐代雕塑圣手杨惠之所塑。民国时半壁坠塌，仅剩如今的九尊。现存的泥塑罗汉栩栩如生，他们或藏于洞穴之中，或隐于山林之间，云雾环绕其间，如出世亦如入世，成就了半堂罗汉的传奇。

说起这杨惠之，也是学了咱苏州人的好东西的。他曾研习咱苏州画家张僧繇的笔法，后来转而做泥塑。“道子画，惠之塑，夺得僧繇神笔路”。说的就是杨惠之和他师

兄吴道子。

面壁思忖，细究这九尊罗汉神情，才惊觉僧人所说的各尊像之名称是多么传神。沉思罗汉、袒腹罗汉、尴尬罗汉……神秘的罗汉像居然以萌萌哒的表情挑战表情包。当下不禁遗憾，那随着时间化为尘土的另外九尊罗汉，只能在脑海中逐一想象了，或许，他们中就有“我这么高冷我不能笑”罗汉、“只想静静”罗汉、“别说话夸我”罗汉……

Tips

保圣寺位于甪直古镇，江南著名千年古刹。寺内的罗汉泥塑更是被视为古典艺术的瑰宝，该寺早在 1961 年就被列为全国首批重点文物保护单位之一。观赏罗汉好的方面是没有玻璃罩，因为泥塑要通风；不能尽兴的方面是泥塑不能见光，否则掉色严重，所以禁止拍照。

除了罗汉泥塑，保圣寺还有其他稀奇古物。寺内的枸杞、银杏、紫藤被称为“古木三绝”。其中，百年枸杞共有四株。还有两株 1200 年的古银杏，而且都有树中树，一棵生了枸杞，一棵生了榆树。

活得久，就能走上"树生"巅峰

如何让你遇见我，在我最美丽的时刻。为这，我已在佛前求了五百年，求佛让我们结一段尘缘。佛于是把我化作一棵树，长在你必经的路旁。

——席慕蓉《一棵开花的树》

银杏

坐标：东山北望村

东山是著名的银杏之乡，在北望岭下村村口有棵2000多年的银杏王。除此之外，东山杨湾村、莫厘村一到深秋，也是一片金黄。

坐标：甪直保圣寺

保圣寺内有两棵超1200岁的银杏树。这两棵树有点厉害，不仅长寿而且多子，都有树中树，一棵开膛破肚生出枸杞树，一棵生出榆树。初见两种不同的树纠缠交错的姿态，立马想到了“千年树妖”。

紫藤

坐标：西山罗汉寺

罗汉寺坐落在离石公山不远的山坳里，始建于五代，是西山岛现存唯一古刹。寺内供有花岗石雕刻的童子面十六罗汉，据说造型很不一般，在国内不多见。寺旁有两棵明代香樟，其中一棵被一株300年的紫藤缠绕，藤樟交柯，和谐并生。

坐标：东山敦裕堂

在东山古镇新街上，有一棵千年紫藤，开花的时候把巷子遮得严严实实。东山人还给它立了块“千年紫藤”的石碑，很是骄傲。

小叶黄杨

坐标：东山紫金庵

紫金庵的两株小叶黄杨都有1500多岁，在司徒庙有个弟弟1000多岁。另外，紫金庵门外的一株银桂，院里的两株金桂都不年少，玉兰也有800多岁。庵在一片青山中，山上都是橘树和枇杷树，看着很让人欢喜。

石楠

坐标：光福石壁

光福南山上有个永慧禅寺，寺院的后院有一大片山岩，峭壁陡直，形似刀削。石壁上的26方摩崖石刻，均系清代与民国时期的名人真迹。李根源、章炳麟、星云大师、南怀瑾都曾留下墨迹。元代的石楠树就生在岩石缝中，算算700岁有余了。石壁就在太湖边上，从石壁精舍看太湖美景，视野绝佳。

罗汉松

坐标：灵源寺

东山后山石桥村碧螺峰下的灵源寺曾经很辉煌，历史久远，位列东山古刹之首。不过几经荒废，如今虽然在重建，仍很荒凉，唯一能印证历史的是寺后空地的一棵1500多年的与寺同龄的罗汉松。

古杨梅树

坐标：余山岛

余山岛是太湖中的一座小岛，2002年才通电，环岛一圈大约3千米，没什么商业气息，非常古朴。有棵古杨梅树，具体岁数不详，据说树冠大小有50多平方米，而且每年都结果子。

香樟

坐标：西山古樟园

西山后堡村环山公路边的古樟园是一个植物园，“主咖”是两棵香樟树，西樟更高、更老，江湖人称“江南第一樟，吴中第一树”。也不知那些比它德高望重的古树服不服。不过除了古樟树，园里还有很多珍贵的花木，“植物控”会喜欢。

坐标：西山明月湾

走近明月湾村口，首先看到的不是姑娘小芳，而是大树小香。这棵栽于唐朝的香樟，树龄1200多岁。树身向东侧的古村方向倾斜，覆荫近一亩，以前是船家休息、村人纳凉的好地方，现在是游客自拍的好地方。

太湖

和它的七十二峰

眼见岁华溜走

眼见时间

被做成标本

山水

一边静止

一边流动

一边仁者

一边智者

你站哪边

叁

石不语，水不言，偏与风恋

看到水风车就看到了家

你有没有在一个阴雨绵绵的清晨到过太湖边，水汽蒸腾，天空与湖面都染上了青灰色,难辨界线。一两艘船行驶在湖面上，扬起的风帆似乎是一个虫洞，带你穿越时空，撇去浮躁，带走忧思，回到古代一幅定格的水墨画中。在画里，你静静地看着这个世界的花开花落。

我常常怀念那一刻，以至于后来几次安家，都只有一个要求：靠近湖边。

让我沉醉于春风的，不止深山的林；

让我感受温润的，不止无瑕的玉。让我感觉为难的，真的是分享与否的自由。

出中环开车不需太久，就可将这片湿地公园揽在怀中。沿环太湖大道行驶，看到木制水风车时，太湖湖滨国家湿地公园也就到了，与它相邻的，是太湖新天地生态休闲公园。携手拥一湾太湖，光是行车而过，已让人收不回目光。但，行车要注意安全，赏景又怎能三心二意呢？就在这儿停下吧。

芦苇摇曳，碧波荡漾。在这里，沿着步道可以走向太湖水面；踩上木地板，可以伴着吱呀呀的摩擦声感受丛林绿荫；沿湖边歇脚，甚至能看到小鱼在水下嬉戏。春风渐暖，夏日临近的时候，湖面上的莲叶越发精神，在一丛丛芦苇和一棵棵绿树的掩映下，太湖里的荷花开得别样红。耳畔是湖风，鼻尖是花木清香，眼前是开阔天地，我说这里是绝佳的放松之地，应该没人反驳吧。

一旁的太湖新天地，则拥有更大面积的草坪，蜿蜒的木栈道载着游人，想贪婪地承包一整片湖岸。面对太湖，还有一排排彩色座椅，以天地为背景，等待一场场热闹的演出。除了美景带来的愉悦，这里还有咖啡厅、啤酒屋、甜品店、美食街，让人喜不自胜，

大快朵颐，岂不美哉！夜幕降临，一盏盏微黄的灯亮起，又是一片新天地。

“天是明媚的，风是和煦的，眼前的闲云野鸭都是真实的。再回首，清新空气携草香，灯火摇曳闪碧光。孩童踉跄满地跑，天地人和美徜徉。”这首打油诗，还真是把这儿夸得恰如其分。

Tips

太湖湖滨国家湿地公园和**太湖新天地**相邻，都在环太湖大道上，开车可以直接到达。太湖公园收费 10 元 / 人，太湖新天地目前免票，两处的停车位充足。

夏日游园，记得做好防晒。园内的栈道可不带遮阳效果。如果觉得步行太考验体力，也有租车游园的选择。母婴车、双人车、家庭三轮车都有。

游船航线东起水风车至新天地东门，全长约 2 千米，单程 20 分钟左右，沿线共有 7 个码头可供临时停靠。坐船不仅能多角度欣赏太湖，而且能近距离观鸟，还能看到太湖独有的多桅古帆船。

太湖搭了一座桥，到对方心里瞧一瞧

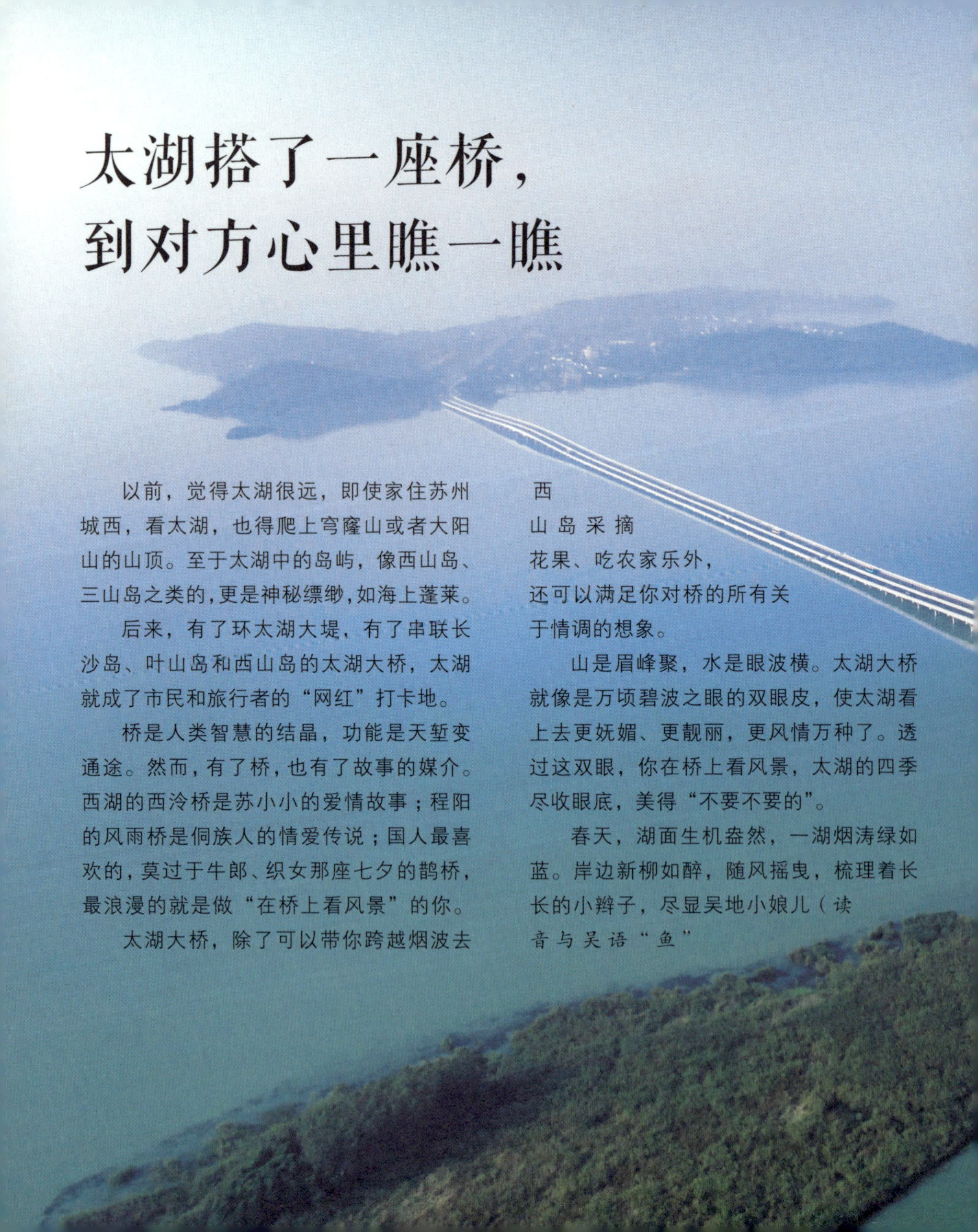

以前，觉得太湖很远，即使家住苏州城西，看太湖，也得爬上穹窿山或者大阳山的山顶。至于太湖中的岛屿，像西山岛、三山岛之类的，更是神秘缥缈，如海上蓬莱。

后来，有了环太湖大堤，有了串联长沙岛、叶山岛和西山岛的太湖大桥，太湖就成了市民和旅行者的“网红”打卡地。

桥是人类智慧的结晶，功能是天堑变通途。然而，有了桥，也有了故事的媒介。西湖的西泠桥是苏小小的爱情故事；程阳的风雨桥是侗族人的情爱传说；国人最喜欢的，莫过于牛郎、织女那座七夕的鹊桥，最浪漫的就是做“在桥上看风景”的你。

太湖大桥，除了可以带你跨越烟波去西山岛采摘花果、吃农家乐外，还可以满足你对桥的所有关于情调的想象。

山是眉峰聚，水是眼波横。太湖大桥就像是万顷碧波之眼的双眼皮，使太湖看上去更妩媚、更靓丽，更风情万种了。透过这双眼，你在桥上看风景，太湖的四季尽收眼底，美得“不要不要的”。

春天，湖面生机盎然，一湖烟涛绿如蓝。岸边新柳如醉，随风摇曳，梳理着长长的小辫子，尽显吴地小娘儿（读音与吴语“鱼”

相同）的娇羞。水畔芦苇发芽，时有水鸟、野鸭扑棱棱飞起，野趣横生。如果还有“吴酒一杯春竹叶”在手，那真是把酒临风，妙趣无穷了。

夏天，波涛汹涌，夏雨磅礴。看江天一色，雨横风狂，七十二峰若隐若现，如架轻舟摇曳浪间，更有豪情洋溢心头。你会化身江湖侠客，一苇渡江。若是晴天，在枇杷、杨梅成熟的季节，万树摇金，香传十里，那你的朋友圈就都是可炫耀的内容了。

秋天，太湖开捕，满眼都是千帆竞发、渔舟唱晚的热闹场景。太湖三白、太湖蟹会让你口水止不住地流。秋天的黄昏最耐看。如血残阳凄美得直入心扉，水面鎏金，岛屿静默，蒹葭苍苍描绘着别离的怅然。过不了多久，夕阳就慢慢没入水中了。新月如勾，星光璀璨得可盈手一握。这时，你在桥面上，看水汽轻盈幻化成云霭，一座桥就这么架在云端。这就是你梦中的鹊桥，期待的人正从桥的另一端，款款而来，有着丁香一般的忧愁。

冬天，湖面微冰，时光就这样静美下来。湖面下，涌动的全是对开春的期待。

Tips

太湖大桥，北起苏州太湖国家旅游度假区渔洋山，南至西山大庭山，跨太湖，连接长沙岛、叶山岛、西山岛，由1、2、3号桥组成。太湖大桥全长4308米，桥面宽12米，桥身181孔，被誉为中国内湖第一长桥。1994年10月25日建成通车。2017年9月30日复线通车。

来东山自相吧

这里有一座小岛
没有太多霓虹
“天上月亮电源都关掉”

这里有一座大桥
穿过了爱情的街道
到对方的心底瞧一瞧

来东山吧
不和寂寞拥抱
感受你的需要

岱湖山庄
启园
古尚锦
雨花胜境
东山宾馆
西街
寒谷寺
雕花楼
陆巷古村
眠佛池
灵源寺
古紫金庵
莳山禅寺
轩辕宫
杨湾古街
紫金路

（注：“白相”是吴语“玩”的意思）

这座楼没用一根钉

整座楼不用一根铁钉，关键部位只用榫卯结构固定，只要找到那个最关键的木榫，就可以顺藤摸瓜像玩积木一样，不使用暴力把整座楼给拆了。这便是雕花大楼在民间的传说。如果这个传说是真的，那就太难想象当初的工匠手段有多高明了。去苏州，雕花楼是不能错过的地方。

东山雕花楼造了 3 年，1922 年开始造，据说动用了 250

多位能工巧匠。我想，当时的包工头和工匠也许不是把心思放在要怎么留下建筑工艺的瑰宝上，而是满心想着，把这工程做繁复了，日子拖久了，工钱也就赚得多了。

雕花楼的主人是金锡之，自己在上海做生意，造楼的事委托给了亲弟弟金植之。谁想到，金植之和匠人把建造规模和规格大大提高了。当金锡之收到 15 万银圆的账单，惊讶得下巴差点掉地上。不过

停雲隴

回到东山，进了雕花楼一看，15 万银圆的事瞬间忘掉，楼内雕梁画栋的精巧，再次让他下巴掉到地上。

雕花楼造好了，泊在太湖里的东山多了一道风景，也多出来一些和雕花楼有关的故事。比如：爱情题材，说雕花匠人手艺惊人，大小姐心里的爱慕之情油然而生，楼造好了，大小姐就随着工匠师傅私奔去了；侠义题材，说雕花楼内机关重重，太湖强盗趁着月黑风高三进三出，却是一无所获。

满楼雕花，故事都嵌在那雕梁画栋里——蟠桃盛会、八仙庆寿、尧舜禅让、文王访贤……再听一番“抬头是喜从天降，落地有平升三级”的解读，说不定你最后也会惊讶得下巴掉地的。

Tips

尽雕刻之能事，穷福禄之大全，说的就是**东山雕花楼**。这楼虽不足百年，却早已是东山的标签、东山的面子。其中，“春在楼”是整个宅子最值得看的建筑之一，全楼以石、砖、木雕刻为主，无处不雕，无处不刻。

园内有一株罕见的孩儿莲，每年 4 月下旬到 5 月上旬开花。

建议去雕花楼的朋友住在旁边的东山雕花楼宾馆，里面的陈设布局都非常有江南特色，饮食也不错。

门票：60 元 / 人

确认过眼神，释迦牟尼在看你

紫金庵坐落在洞庭东山西卯坞内，周围重峦叠翠，房屋数间，小庙“深藏不露”。

清晨，穿过碧螺茶园、桃花小径，一路流水潺潺，花静鸟喧，宛若世外之境。

紫金庵始建于唐初，距今已有一千三百余年历史，其间迭经兴废，唐时旧貌已不复见。所余古建只有一殿一堂，却使人在踏入罗汉殿的瞬间，便已感受到时光累积的厚重。

全天下罗汉可称神品者，唯两堂半而已。其中：济南长清灵岩寺占一堂，共有罗汉四十尊；东山紫金庵占一堂，共计罗汉十六尊；甪直保圣寺因殿堂坍塌仅剩半堂，幸存罗汉九尊。相传在释迦牟尼佛的众弟子中，原本只有十六人修得罗汉果位，他们遵佛之嘱，普度众生。到了唐末，民间在十六罗汉的基础上增加了两位尊者，由此才凑成十八罗汉，流传至今。

紫金庵十六罗汉的缔造者是南宋时期民间代表性的雕塑大家雷潮夫妇，两位大师终其一生，作品只有两处，除了苏州东山，尚有杭州西湖净慈寺中的五百罗汉，可惜毁于明初，未能传世。

十六罗汉相向而列，长眉、看门、评酒、讲经、骄傲、伏虎、过江、听

Tips

紫金庵是典型的小庙装大佛，虽只有一殿一堂，却凭其罗汉雕塑荣登全国重点文保单位名单。小庙三宝是参观重点，能将泥巴塑得这般轻薄、仙气，现代工艺都很难完成。庙里环境清幽，有三株上了年纪的桂花和两株一千五百多年的小叶黄杨。堪称“绿竹深无暑，清池小有天”。

开放时间：8:00~17:00

门票：30元/人，1.2米以下儿童免费

经罗汉列为一排，托塔、打坐、挖心、愁思、沉思、降龙、钦佩、藐视罗汉列另一排。大殿后壁另有八尊坐像，为明末邱弥陀所增塑，虽不比宋塑，亦可称为精品。

古人对紫金庵罗汉塑像曾给出八字评价：精神超忽，呼之欲活。作为一座本不起眼的偏僻小庙，紫金庵却因为十六尊罗汉塑像，被赋予了全新生命，拥有了被人传颂的资本，这便是艺术的力量。

罗汉像上方塑有“四大天王”和“二十诸天”像，其中一尊飞天塑像以左手三指托起经盖，顶而欲穿，右手微撩一角，拿捏轻柔，其余部分自然下坠，飘逸随风，似绸如纱。能以粗糙的泥土塑造出仙气，只能说匠人有双“点石成仙”的手。大殿正中供奉三尊佛，药师佛、阿弥陀佛、释迦牟尼。居中的是释迦牟尼，别看他眼睛不大，可一旦与他的双眼相对，便再也不能逃脱这如炬的目光，进而感叹佛法无边，藏身无术，顿生敬畏之心，因为敬畏，也在那一刻感觉到自己的渺小。通俗来讲，就是只要在他视线范围内，不管你站在哪个角度都会觉得释迦牟尼在看你。三世佛背后是望海观音，她头顶祥云，华盖托于云端，薄如蝉翼，与观音宛若一体，徐徐而共行。这经盖如纱、慧眼如炬、华盖如云，便是紫金三宝。

穿过罗汉殿是净因堂，堂外墙壁嵌有一碑，即《净因堂碑记》，记载清代重修净因堂的经过。堂侧为晴川轩，正壁有幅画。画中寒山问拾得：“世间有人谤我、欺我、辱我、笑我、轻我、贱我，如何处之乎？”拾得笑曰：“只要忍他、让他、避他、由他、耐他、敬他，不要理他，再过几年，你且看他。”想必这两位隐居山间的诗僧，也该是罗汉的修为了。

建筑界大拿最喜欢的旧物

看到某旅游网站上有网友这样评价东山镇杨湾村轩辕宫："很破旧的一间房子，里面也没什么东西，不怎么好玩。"我不禁替陈从周先生赏了这位网友一记高质量的白眼。先不说轩辕宫的三大宝贝，单说这建筑本身，就很有看头啊。

轩辕宫原来是祭祀伍子胥的，故称胥王庙。又因地处杨湾，也俗称杨湾庙。明清以来，小庙的名字一直在改。据说曾有人要拆了这座古建筑，当地人说这庙跟别人都没啥关系，是祭祀祖先轩辕黄帝的，这才将小庙保留了下来，轩辕宫这个名字也算最终定下来了。

轩辕宫在东山的西南端，面湖背山，和启园、雕花楼等景点不在一条线上，所以平时游客不多，是欣赏太湖风光的清静之所。早在 1953 年，中国建筑界的大拿、阮仪三的老师陈从周就曾来到东山一探轩辕宫。9 月是太湖最美的季节，陈从周和同伴对当时的杨湾庙进行了里里外外、彻彻底底的考察。

据传，这里兴建于隋朝，不过唐

以前的史料不多。陈从周认为正殿的素覆盆柱础，明间秀丽的梭形四金柱，具有卷杀的檐柱及部分梁架斗栱均系元代旧物。他还通过将其与苏州文庙大成殿、双塔罗汉院、上海真如寺的一系列对比，得出轩辕宫正殿建于元末的结论。后来，陈从周在考察的基础上撰文《洞庭东山的古建筑杨湾庙正殿》，这是他发表的第一篇有关古建筑的论文。

说陈从周是苏州人民的好朋友一点不为过。三年后，也就是 1956 年，他的代表作《苏州园林》问世，“江南园林甲天下，苏州园林甲江南”这一提法从此成为苏州园林最好的广告语。

在那篇论文的最后，陈从周先生特意感谢当地农会留宿两晚。轩辕宫周边是大片大片的橘子树，不知秋天来此的陈从周有没有站在颜色转红的橘子下，面朝太湖，赏玩古味。

Tips

保留至今的元代木构建筑在江南地区存量不多，所以**轩辕宫**弥足珍贵，现仅存轩辕宫正殿和城隍庙。轩辕宫有三宝，都是明代的。一为文徵明的《东西两山图》，二为明代阁老王鏊的《洞庭两山赋》，三为阴亭。阴亭是稀有的古石刻，是一种少见的特殊墓葬形式，1971 年出土于东山，刻有“叶时敬妻周氏之墓”。据说国内只有山西曾出土过阴亭，不过比轩辕宫这个小。对墓葬文化感兴趣的，拿出勇气去欣赏吧。

门票：5 元 / 人

我家大门常打开，皇上您常来

老话说得好，做人不能忘本，尤其不能忘了老祖宗的本，哪怕是两百多年前祖上的事情，也要时常拿出来翻一翻，更何况这个事情还是接驾。

翻祖宗旧账的是民国时期的东山人席启荪。洞庭商帮有多牛不用多说，这位席启荪就是洞庭商帮的一个典型代表，在上海滩的银行界颇有声望。做生意是他的强项，但让他煞费苦心的，是老祖宗接待过康熙皇帝，这么漂亮的事情，不能光躺在家族简史上仅仅成为一段文字记载。想让光辉永传，这事怎么办？

话从 1699 年说起。烟花四月最适合南巡，康熙来到了苏州。四月初三这一天，皇上发话了："朕明天要去东山考察。"第二天上午，龙船出胥口，下太湖，驶了十余里，来到席启荪祖上席启寓的豪宅。前一天才接到接待任务的席家，上上下下一顿忙活，这不是隔壁老王来串门，这可是皇上来串门。穿什么衣服，沏什么茶，备什么见面礼，

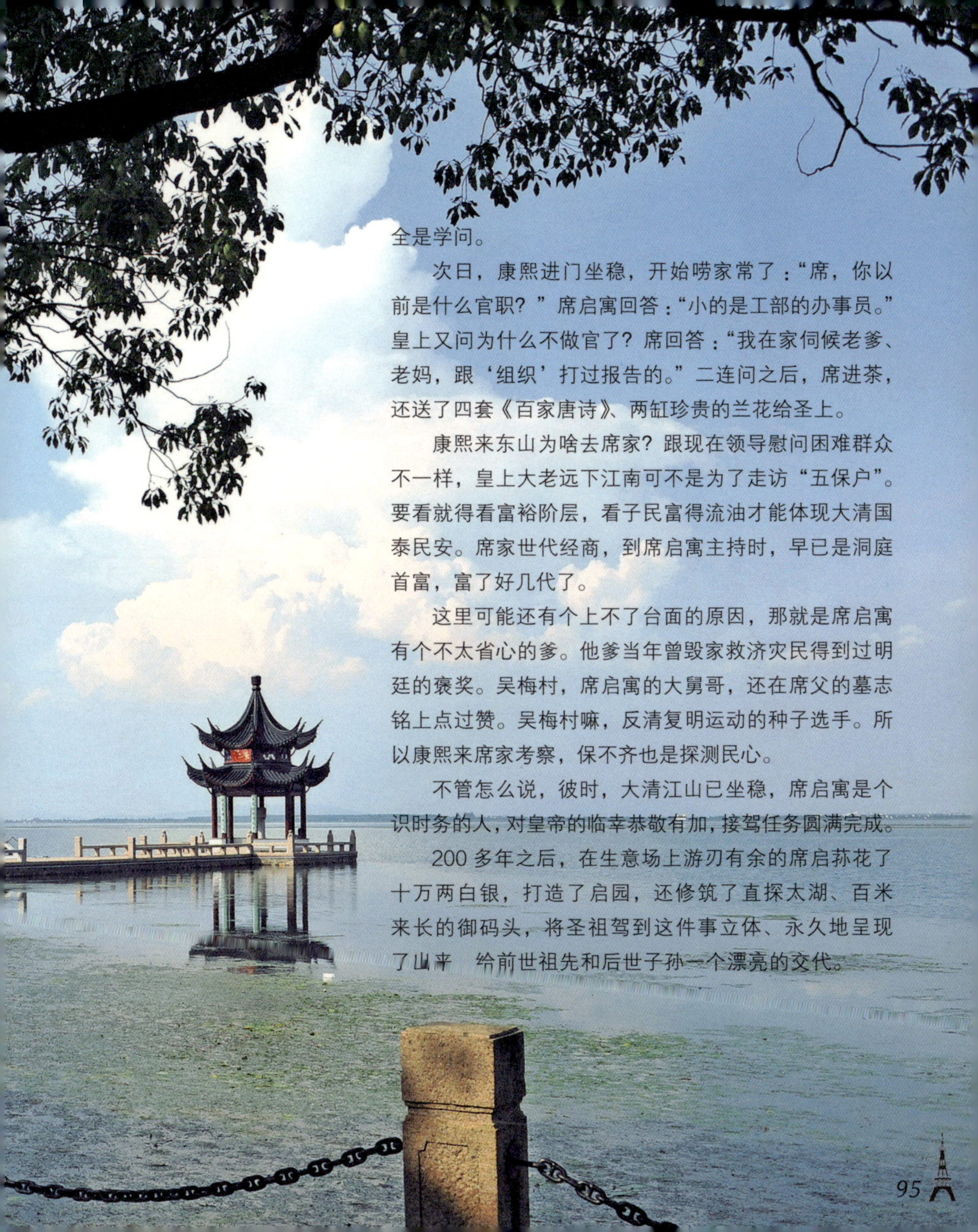

全是学问。

次日，康熙进门坐稳，开始唠家常了：“席，你以前是什么官职？”席启寓回答：“小的是工部的办事员。”皇上又问为什么不做官了？席回答：“我在家伺候老爹、老妈，跟‘组织’打过报告的。”二连问之后，席进茶，还送了四套《百家唐诗》、两缸珍贵的兰花给圣上。

康熙来东山为啥去席家？跟现在领导慰问困难群众不一样，皇上大老远下江南可不是为了走访“五保户”。要看就得看富裕阶层，看子民富得流油才能体现大清国泰民安。席家世代经商，到席启寓主持时，早已是洞庭首富，富了好几代了。

这里可能还有个上不了台面的原因，那就是席启寓有个不太省心的爹。他爹当年曾毁家救济灾民得到过明廷的褒奖。吴梅村，席启寓的大舅哥，还在席父的墓志铭上点过赞。吴梅村嘛，反清复明运动的种子选手。所以康熙来席家考察，保不齐也是探测民心。

不管怎么说，彼时，大清江山已坐稳，席启寓是个识时务的人，对皇帝的临幸恭敬有加，接驾任务圆满完成。

200 多年之后，在生意场上游刃有余的席启荪花了十万两白银，打造了启园，还修筑了直探太湖、百米来长的御码头，将圣祖驾到这件事立体、永久地呈现了出来，给前世祖先和后世子孙一个漂亮的交代。

光焰萬丈
康熙三十八年四月丙子春
御駕巡幸東洞庭山
天開圖畫即江山
人得交游是風月

Tips

启园，俗称席家花园，1933 年兴建，纳太湖为园林一部分，是苏州所有园林中一座依山而筑、傍水而建的园林，所以更显大气恢宏。启园有三宝：柳毅井、御码头、康熙当年歇息过的古杨梅树。游启园住东山宾馆最方便，走路两三分钟就到了。

地址：吴中区东山镇启园路 39 号

门票：45 元 / 人

西山风光
蛮灵咯
植里古村
石码头遗址
涵村古村
仁本堂
（西山雕花楼）
凉帽观云
禹王庙
堂里古村
堂里古村
国家地质公园
甪里古村
缥缈晴岚
春熙堂花园
东西蔡古村
大如意圣境
荷塘风影
消夏渔歌
明月湾古村
禹王庙

庆馀堂
敬修堂
东村古村
渡渚稻香
后埠古村
桃花坞巷
古樟园
阡陌果园
包山禅寺
林屋洞
古罗汉寺
石公山
古观音庙
石公秋月

告别时，来不及说再见

那是一只正值青春的海百合，荷叶般的触角随海洋中的暗流游荡。身姿挺拔的时候，甚至让偶尔游过的鱼侧目。

海百合位列地球上最古老的生物排行榜。论年龄，即使是早已灭绝的恐龙也要在它面前低下高傲的头颅。

由于看上去很好欺负，一些不善良的鱼经常来啃食它们。海百合在天长日久的战斗过程中积累了丰富的经验，但仍旧敌不过弱肉强食的命运。

某个风和日丽的午后，一股泥沙裹挟着分辨不出是什么的物体向海百合袭来，从“看到”起势到被淹没，全程只用了很短的时间，快得来不及做出任何反应。

生时漂亮优雅，逝去也得保持着高贵的姿态。几亿年后，人类发现海百合的化石，竟被它漂亮的花纹所迷住，第一反应：这是哪位能工巧匠刻上去的。

从海里到陆地，海百合走完了绚丽的一生，文化人给它的生平传记取了一个好听的名字：沧海桑田。

Tips

壮观的海百合化石现在可以在**西山地质博物馆**看到。除此以外，太湖是怎么形成的，西山岛上的缥缈峰是从哪里来的，这些问题都可以在这里找到答案。石头是最大的看点，比如一上来就有个石头版的满汉全席。108道菜全是由石头做成，因为都被玻璃保护起来了，不知味道如何，但硌牙是不容置疑的。

馆内还展出包括太湖地质公园内石公山景区、三山岛景区、林屋山景区、缥缈峰景区等地的地层古生物遗迹、地质构造遗迹、岩溶和水石遗迹等150余件馆藏品。

地址：西山缥缈峰景区水月坞

门票：免费

明月坡依旧，海灯法师可好

石公山承包了我童年所有的春游记忆。从幼儿园到小学，但凡学校组织春游，必然是去石公山。

没办法，谁叫我们学校就在石公山隔壁的村子呢，那年头，乡下学校组织春游都是步行前往的，邻近的石公山当然是不二选择。

石公山还承包了海灯法师的武学记忆。十年隐居，这里是海灯法师闭关修炼、开悟佛法的地方，威震武林的“一指禅”“二指功”都是在这里进一步修炼的。

海灯法师为什么来石公山？当然不是来春游的。据说，他是听闻汝峰上人云游江南时在石公禅寺病倒了，便从上海赶来，想服侍师父。结果，恩师一点小恙早已痊愈，海灯来时他又云游去了。海灯没见到师父却见到了太湖好风光，他非常喜欢。1956 年到 1966 年，他在石公禅寺内居住，还顺手收了几个门徒。

只恨晚生了二十年，不然说不定也能拜在海灯门下，练练手指功。而今，只能当个傻小子上山傻淘。

功夫、零食、不用上学，这三点构成了半大小子眼中

最完美的春游。

我们的春游特别简单，游客打卡的归云洞、一线天都不是重点，吃东西、做游戏才是我们的兴奋点。到石公山，先选一处平地，把白煮蛋、青团子、面包、蛋糕统统摆出来，根本等不到饭点就消灭一空。那时大家最喜欢选海灯法师故居边上的小广场聚餐，选那边有个好处，不是为了吸收法师的功力，而是那旁边有小卖部，吃完了自带的口粮，富裕阶层还可以再补充些。如果发达到买几瓶汽水，请个客的话，那是相当气派了。

靠近太湖的后山，有一块巨大又平整的天然石板，海灯法师和徒弟们常常在上面习武，我们也最喜欢在那里上演保留节目——击鼓传花。如今它有个很武侠的名字——明月坡。吃饱了，玩累了，我们就躺在明月坡上，抱着头仰望蓝天白云，看云彩变幻都似武功秘籍中的一招一式。

石公山的景致说不上多惊艳，这里的湖光山色就是这么淡淡的亲切，用一句“浓妆淡抹总相宜”来形容并不为过。对我来说，石公山景区的检票阿姨、开饭店的老板、茶室的阿姐，可能就是村里的邻居或亲戚，亲切无比。海灯法师，也有同感吧。海灯和乡亲们关系很好，兴起，会露一手“二指功”功夫给大家看。只见他一个倒立，脚靠墙，用手掌支撑，然后慢慢勾起三根手指，只留二指支撑。大家喝彩，法师只淡淡一笑。

明月坡依旧，海灯法师可好。

Tips

石公山在西山岛的东南端，不高，海拔 50 米左右，老人小孩爬爬也不费力，适合饭前开胃、饭后消化。三面环水，是赏湖、赏石的好去处。主要看点有归云洞、夕光洞、一线天、石公寺、云梯等。在山上可远眺三山岛。从石公山景区到明月湾古村，沿石公路大约 2 千米，那条路很美。

门票：50 元 / 人

野生『熊孩子』，最爱林屋洞

早时候西山人管林屋洞那一片叫龙洞山，不单指那个溶洞，还包括边上的村子。

印象中，龙洞山可不止游人常逛的景区那一个溶洞。我上中学时，山顶并没有那个驾浮阁，山上峡沟和山洞很多。忘了那时候要不要门票，对于钻过林屋洞无数遍的本地人来说，从入口到出口走一圈其实最多也就一刻钟，但我们的兴趣显然不只是走一圈。

几个小伙伴是带着手电筒去的，有一次，我还根据自己研究的探洞知识带上了蜡烛和火柴。那时候的林屋洞，对本地“熊孩子”来说有两大未解之谜。第一个，这个洞里挖到过好几条金龙，说不定洞里还有遗漏没被发掘出来的金龙；第二个，据说这个洞只开挖了很小的一部分，听大人们说，从这个洞里是可以一直走到太湖对面的。当然，故事的出处，大多是晚上大人们扯闲篇。但这样的故事，对一群满脑子探险寻宝的少年们来说，无异于打了一针肾上腺素，尤其是在看了《基督山伯爵》之后。

小伙伴们不但在溶洞里寻宝，从景区溶洞出口出去后还要漫山遍野地找山洞，山上有很多很深的峡沟和野洞。不过，有些野洞看着就深不可测，看到了黑咕隆咚的口子也不敢往里钻。有的峡沟还很深，在沟底往头顶看，天空就是窄窄的一条线。

到这里，记忆有点模糊和偏差了，好像那时候我们进溶洞并不走常规路线，是从后山直接找了出口反穿的。

探险的结果，当然是既没找到金龙，也没有找到通往太湖对面的秘密通道，而往往是玩得忘了时间，被大人找到后回家一顿胖揍。

林屋山，山里有洞，洞中有山，洞中有洞，大洞套小洞，洞洞相通，造就了儿时最撒欢的游玩模式。

Tips

林屋洞位于吴中区西山岛东北部，在林屋山西部。据《云笈七签》等道教经典记载，天下有十大洞天、三十六小洞天、七十二福地，皆仙人所居，林屋洞为第九洞天。相传，古时有龙居林屋洞内，故洞体似龙，又称龙洞，林屋山亦称龙洞山。常规路线，林屋洞一刻钟就能钻完，有导游也许会好一点，他能扯上一个钟头，附会出一大堆象形的景致来。每年春节前后梅花盛开的时候这里很热门，欣赏了万亩梅园之后，不妨也去林屋洞里钻一下。

门票：50 元 / 人

开放时间：8:00~16:30

Tips

角里**禹王庙**是西山仅存的一座禹王庙，始建年代无考，但远在南朝就有重修记录，守了太湖1400多年。现存大殿为清朝嘉庆十四年（1809）重修，大殿墙上有碑记。禹王庙旁有古码头，始建于南宋，现存建筑为明代修建。如果你是个不爱热闹的人，想找一处安静怡人的地方走走，那禹王庙是个不错的选择。

门票：25元/人

开放时间：8:00~16:30

这是美丽的纪念日，纪念重新认识彼此

相传大禹曾治理太湖水患，所以在西山岛太湖边有一座禹王庙也就不足为奇了。

禹王庙的面积不算小，游客却是极少的。我心里止不住地后悔：周末好好在家待着不好吗？非要做什么清单！

画面先暂停一下，容我把清单的事情解释清楚。大概一个星期之前，手机跳出来一个提醒，说是距我第一天来吴中已经两年了，这样特别的日子希望我不要忘记……满屏“鸡汤”，吓得我赶紧删掉了这个矫情又事多的App（应用程序），虽然当初那句“今天，是我在吴中的第一天”是我写的，并且设置了备忘提醒。

卸载之后，我的心情并没有轻松。吴中、两年，这些关键词在我心里渐渐放大。两年，我学了几句吴侬软语，吃过几样特产，听过几段野史，每天在这里的大街小巷奔走，装作忙碌有目标的样子。其实我不了解吴中，碰上老友来旅游我只会带他们去固定的几个地方。我从来没有想要急切地变成哪里人，只是对吴中的陌生让我有一种装腔作势的负罪感，于是，“周末去哪儿”清单就这样诞生了，禹王庙是我的第一个目的地。

叫它庙，其实它更像一个曲径通幽的花园，有许多花草。完全没想到一个庙竟然让我有了自拍的冲动，这完全可以入选“我人生中最匪夷所思的想法top50”了。你大概可以想象我的人生有多无趣了吧。

初夏，顺着禹王庙的花园小径往里走，属于春天的花还未褪去，阳光穿过树叶枝丫散成点点光斑。大禹的雕像伫立在花园中央，他的目光看向远方，粉红的小花朵依偎在他旁边，倒显得有些温馨了。再往里走便是茶室了，桌上摆着棋盘，茶室四面透光，坐在里面享受湖风拂过衣袖，花窗留下光影。不过，我最爱的还是禹王庙东南角的明代古码头。码头不算很长，当你踩在巨大的石头上面时，并不会在意脚下的石头缝隙，你的眼里装满了太湖的波澜。没有任何凌乱的掺杂，只有开阔的一望无际的湖面，飘摇的芦苇，一艘晒着蓝色棉布衣服的小船。

我在码头坐了很久，什么都没想，起身离开的时候觉得浑身的骨头都被吹酥了。面对太湖，好像找回了第一天到吴中的感觉，重新认识了一回吴中，也重新认识了自己。

爬！为了吃上阿黄的同款大排面

来到渔洋山景区入口，被告知部分景点还在建设中，门票减半。对于只想找个清净的地方溜达的我来说能省钱自然是好事，内心偷偷比了个“耶”。

缆车？NO! 观光车？NO!（两个小时以后啪啪打脸。）现在的游客可真行，出来玩还不愿意动，我当然是要凭自己本事上山的。

信马由缰走了十分钟，山脚下果树环绕，春天开得烂漫的梅树这会儿结满了青梅，引人“犯罪”。幸好无知抑制了我当贼的冲动——错把青梅当成还没成熟的桃子，没熟怎么吃嘛！

初夏的空气里，除了馥郁的果香，还有栀子花放肆的香味。上山的路不算好走，前几天下过雨，土壤稀松，腐叶潮湿，木台阶也被雨水浸成深色。硬着头皮往上爬，没几步便停下来，裤脚管中已是热气蒸腾。一面埋怨自个儿逞能，一面又被山野间花朵清香吸引，忍不住小跑到花树边，鼻子凑近闻个究竟。

迎面走下来拿着对讲机、捧着茶杯的保安大哥，他热情招呼：“吃饭没？去山上吃碗我们的面吧！”肚

子的确是饿了，一鼓作气嗖嗖嗖跑到山顶，往面馆八仙桌边上一趴："老板，来碗面！""对面先买票！"实践是检验真理的唯一标准：你不亲自来一趟，怎能想象他家的大排有多厚！对，就是很厚！汤底是用骨头汤熬的，面算不上惊艳，胜在不乱加调料，原汁原味。

面馆在渔洋阁边上，渔洋阁有二十多米高。凭栏远眺，缥缈峰、西山岛、太湖大桥尽收眼底。虽是阴天，烟雨蒙蒙之下，也是一番胜景。我向来胸无大志，可在看到如此磅礴之景时也生出一丝野心，那种君临天下的气势会感染每一位见到此景的人。下一秒，一个带着大排味的饱嗝将我拉回现实。

下山是再也走不动了，于是我在观光车停靠站乖乖等车。旁边树下躺着打盹儿的阿黄，阿黄是岗亭大爷的狗，每天跟着大爷上下班，吃游客同款大排面，呼吸太湖边的新鲜空气，在渔洋山拥有让其他狗羡慕不已的"狗生"。

渔洋山是太湖风光的一个窗口，窗里还有啥，走进去看了才知道。

Tips

渔洋山是伸向太湖湖心的一个半岛，湖岸线的转弯处，有"太湖最佳视角"的美称，主峰海拔 171 米。观光车上山三五分钟，步行二十分钟。景区有滑草、跳伞、赏花等活动，并可携带宠物入内。古墓爱好者可探访郑旦墓和董其昌墓，前者在渔洋山侧的黄茅山，遗址仅剩残迹，后者在渔洋湾山坡，要见古迹需穿过一条漫长弯曲的山路，充满野趣。

门票：旺季（4~10 月）80 元 / 人，淡季（11 月~次年 3 月）40 元 / 人

幸福像花儿一样

好花不常开，好景不常在，所以赏花一定要紧跟花期。一不留神，山水之间，花已成海。

渔洋山梅花

在吴中，梅花名气最大的地方不外乎香雪海和林屋洞，但渔洋山的梅花不输前两家。渔洋山有一个精品小梅园，因90%的梅树品种为“朱砂红”，故开花早于其他地方。

花期：2月中下旬

门票：80元/人

地址：太湖度假区渔洋山景区

东林渡油菜花

油菜花不稀奇，但是来到横泾街道上林村的东林渡，不仅能赏油菜花，还能在乡根民宿喝喝茶、看看书，在鲜丰十二灶农家乐撮一顿，再到太湖边散散步、吹吹风，这花赏的绝对值。秋天来的话，同样的地方，将是一片稻浪。

花期：3~4月

门票：免费

地址：横泾东林渡村，近泾东路

张桥月季园

张桥月季园又叫张桥湿地公园，公园和旺山荡湖连成一片，除了赏花还能钓鱼。园内共栽植8个大类150多个品种的月季，有单瓣的、重瓣的，还有卷边的，赶上花期去，整个园子就俩字：华丽。除了湖边和长廊比较阴凉，其余地方都没啥遮挡，要注意防晒。

花期：5月

票价：免费

地址：吴中区创高路和溪水路交界处

苏州东方花博园

这里其实是个花卉市场，交易花卉、苗木、盆景等，门前有一大片花海，以百日菊、波斯菊为主，夏、秋季节很适合拍照。比一般花海更有童趣的，是喜羊羊和蜡笔小新就藏在其中。

花期：6~10月

票价：免费

地址：甪直镇柯福路3号

园博园百合花

整个五月都是太湖百合花节，常见的百合是白色、粉色的，在这里还能看到黄色、红色和橙色的百合。

花期：4月22日~6月15日

门票：75元/人

地址：吴中区临湖路999号

光福木荷花

木荷花为亚热带植物，一般分布在广东、广西、福建等南方地区，不能"人工繁殖"，而光福处于太湖之滨，属于亚热带北缘地区。所以这长在树上的荷花为何落户光福，至今仍是谜。

花期：6月10~25日

门票：20元/人（6月中旬一周为科普周，苏州中小学生免票）

地址：光福香雪海景区

一场预谋已久的逃离
在古村的巷口停休
千年香樟不动声色
看着
影子被来往的脚印踏满
谁要讨好这个世界
我自屹立千年
毫发无伤

肆

千寻古道，问禅不问路

采茶浣纱，情歌如水流

越溪街道旺山村的九龙潭是一个小型水库，水库外有九个龙头，仔细看会发现，它们无论是张口的姿势，还是胡须的走向，都各不相同。九个龙头，就是九个造型。

水库里的水由山泉水和雨水汇集而成，碧绿清澈，干净到你不忍去触摸。整个水库分为上、中、下三层，每一层的水位均不相同。当上层水位达到一定高度时，水就会从九个龙头口中吐出，形成九龙戏水的景象。

站在揖山亭放眼望去，有种“一览众山小”的既视感，环顾四周，绿色的梯田使人感到清新舒畅，它是新引进来的安吉白茶的种植地，也是整个旺山村唯一不种植碧螺春的地方。碧水蓝天，清风拂面，才能脱开繁杂社会所带来的絮乱烦躁的心情，似乎只有站在这里，才能感觉到微风吹起发梢的轻柔和阳光照射皮肤的温暖。

那刻，身体的每处毛孔都变得细腻起来。当然，如果不赶时间，还能去依山而建的茶楼里坐一坐，一杯茶，两个人，迎接黄昏的到来，格外动人。

从九龙潭下来，便是成片的碧螺春茶树。旺山人采摘碧螺春有三个特点：一是摘得早，二是采得嫩，三是拴得净。因此旺山人也养成了早上出去采茶，中午回家拴茶，晚上制茶的习惯，从不炒隔夜茶。感兴趣的可以去叆叇岭一窥禅茶文化，那里有一个千亩茶园，种茶、采茶、炒茶、品茶、卖茶一系列介绍都特别详尽。

出了九龙潭就是一个特别大的池塘——西施塘。传说2500多年以前，越王用美人计——将西施献于吴王，并派了范蠡护送，他们登岸后，被暂时安排在此等候召见。西施是一个浣纱女，常年与水相伴，见到这处池塘就想到了自己的家乡，随即跳入水中玩耍。这下搞得范蠡手足无措，为了防止湿身的西施被人看到，他命人在周围警戒，自己在池边的草亭内监督。如今草亭改建为瓦亭，但旺山人还是习惯称其为范亭。

九龙潭的景点其实不多，但每一处都胜在别致。夕阳下的九龙潭，像是灯火阑珊处的一曲情歌，令人感慨，难以言表。这种静静的、安逸的、自在的享受，才是最美乡村旺山独一无二的姿态。

Tips

旺山属越溪街道，原名叫王山，到了晚清，村里有人科举得中，大家都认为村子会更兴旺发达，于是激动兴奋之余，将王山改名为旺山。

旺山景区内共有四处景点：九龙潭（门票 20 元 / 人）、瑷𨓡岭（免费）、宝华寺（免费）、钱家坞（免费）。除此之外，旺山景区还有最自然的养生度假场所，为游客提供塘边垂钓、乡村烧烤、田野耕作、瓜果采摘等休闲活动。

找讲解去旺山游客中心。导游讲解 50 元 / 次，租导游机 10 元 / 位（预付 200 元押金），观光车 10 元 / 位（3 人起开）。

Tips

素有“**邓尉梅花**甲天下”美誉的香雪海位于吴中区光福镇，是著名的赏梅佳地之一。面积不大，但来头不小，古今名人多有探访。园内半山腰有座亭子，仿梅花造型，顶端立一仙鹤，寓意梅妻鹤子，是俯瞰梅海的好位置。2月中旬到3月中旬，赏梅客几乎要把这里挤爆。到了5月，梅子成熟，就是喝青梅酒，吃脆梅、话梅的好时节了。喜欢桂花的朋友不要错过梅浆，它可保桂花三到五年不变质。

赏梅专线：每年1月中旬到3月中旬，“苏州好行”都会开通香雪海景区直通车，有拙政园和苏州火车站北广场客运站两个站点，单程车票5元。

开放时间：8:00~17:00

门票：20元/人

探梅的每一步，都在向探雪探春靠近

香雪海，短短三个字，囊括了梅的韵、梅的素、梅的雅。想来很少有哪个地方，能将物与名彼此成全得如此完美。

这名字取得极好。据说是康熙统治时期江苏的“一把手”宋荦大人触景生情，信手拈来。古代做官的，总得读点书，这点实在值得肯定。不然香雪海的摩崖石刻上，若是刻上“光福是个好地方”，实在煞风景。

光福种梅历史可追溯到秦末汉初，两千多年来，经久不衰。以前种植面积很大，是当地百姓的主要经济来源，只可惜后来受战事影响，梅花面积逐渐缩小，缩成了如今景区的大小。

“雪海”两个字，你得爬上半山腰的小亭子感受。梅花盛放时，一片白浪翻滚，这其中就有乾隆皇帝手植的白梅。白梅花蕊多而大，花苞簇拥，繁花似锦。这几年，梅林里还多了红梅和绿梅，夹杂在其中，那种花浪翻滚，间杂点点红绿的感觉，比起一片纯白来，要更漂亮。

蜡梅开得最早，与凛冽的北风做伴；

鸳鸯梅，白花似雪，红花如火，相映成趣。游园时记得觅两株花量超级多的梅树，那是全园“唯二”的两株野梅，生长得比家梅更“野蛮”。

要说光福人确实有眼光，梅树不仅有经济价值，有观赏价值，更有文学价值，得到了大家无上瞩目。“岁寒三友”占一席，“花中四君子”择其一。“宝剑锋从磨砺出，梅花香自苦寒来。”“已是悬崖百丈冰，犹有花枝俏。”想来能侃上几句的人，定是懂梅之人。康熙三次驻足香雪海赏梅，乾隆六至邓尉探梅留踪，二人不仅先后挥就 13 首咏梅诗，其诗还被刻成了石碑。至今，园内仍然保留着乾隆第三次南巡时所作的《再叠邓尉香雪海歌旧韵》石碑，碑额浮雕二龙戏珠，中间所刻“御笔”二字，彰显了此地的尊贵。

2018 年冬天，一场雪下得痛快，洋洋洒洒积在枝头。雪与梅是如此相配，赏雪也赏梅，是花海也是雪海。南宋词人吕本中曾感叹：“雪似梅花，梅花似雪，似和不似都奇绝。”

雪过之后，探梅就变成了探春，梅花落尽千千片，春天已来到

Tips

陆巷古村是东山镇的一个古村落，被誉为太湖第一古村。明朝大学士王鏊的故居惠和堂可以说是陆巷古村的灵魂，里面包含上百间的厅堂房间。村中还有很多保存完好的明清建筑以及一条长达一里的明代古街。现场买票65元/人，包含五个景点（五个各具特色的堂）。古村的开放时间是上午8点至下午5点，其他时间段免费进古村，但景点看不了。古村内几乎家家都种了橘子，如果晚秋去，一定要尝一尝。

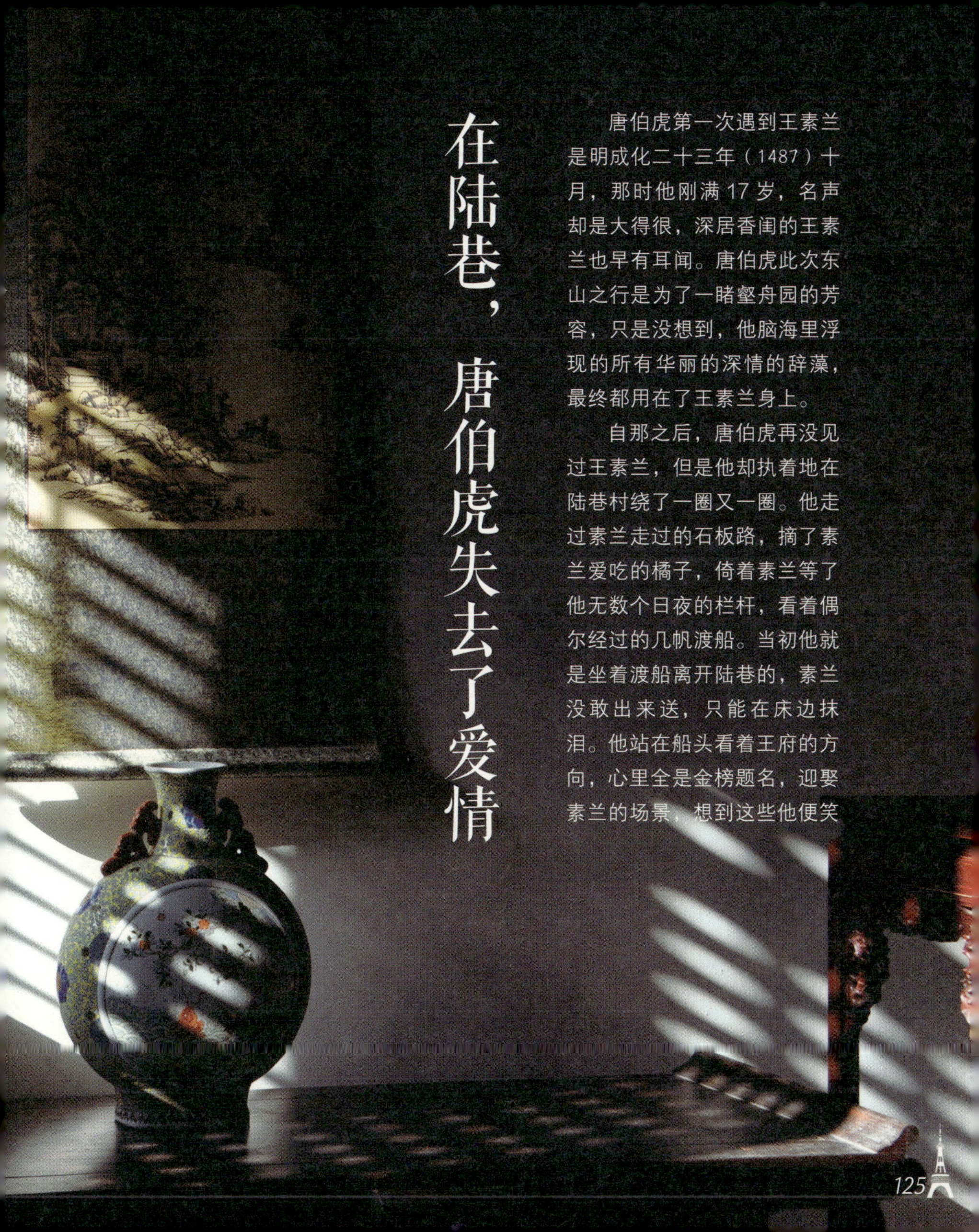

在陆巷，唐伯虎失去了爱情

唐伯虎第一次遇到王素兰是明成化二十三年（1487）十月，那时他刚满17岁，名声却是大得很，深居香闺的王素兰也早有耳闻。唐伯虎此次东山之行是为了一睹鳌舟园的芳容，只是没想到，他脑海里浮现的所有华丽的深情的辞藻，最终都用在了王素兰身上。

自那之后，唐伯虎再没见过王素兰，但是他却执着地在陆巷村绕了一圈又一圈。他走过素兰走过的石板路，摘了素兰爱吃的橘子，倚着素兰等了他无数个日夜的栏杆，看着偶尔经过的几帆渡船。当初他就是坐着渡船离开陆巷的，素兰没敢出来送，只能在床边抹泪。他站在船头看着王府的方向，心里全是金榜题名，迎娶素兰的场景，想到这些他便笑了起来，越笑越放肆。如今想来，也只剩一句“眷彼动静心，为乐安有涯”了。

唐伯虎没有了素兰，他还有陆巷村——陪着素兰长大，送素兰出嫁的陆巷村。陆巷村伤害过他，没有留住他的心上人，但他还是爱上了陆巷村，它的每一面都可爱如初见，每一个时刻都有新的绚烂，让他怎么看也看不厌。素兰的家人他便当作自己的家人，拜素兰父亲王鏊为师，与素兰弟弟王延喆情同手足，饮酒赋诗、挥毫染翰，他留不住伊人，只能守住这片古村。

多少年过去了，陆巷自然是不会让人伤心的。它静处山坳中，

背靠莫厘峰，面向太湖，东有寒谷山，西有箭壶，白墙灰瓦，青石河埠。传说陆巷村始建于南宋，因有文宁、康庄、旗杆、古西、蒋家、韩家六条深巷直通太湖边而得名。与其他古村不同，漫山遍野的橘树给陆巷添上了一层果香。陆巷的每一个情节都是特别的，一片飘落的树叶、一个被雨水模糊的脚印，仿佛都参与过唐伯虎的失意。挑着扁担的老头脚踏沙砾石道，穿过悠长的时光隧道，有人在这里寻找，有人在这里失去，有人在这里新生，有人在这里衰老。陆巷老了，它的故事和诗氤氲出酒香，唐伯虎醉倒在长长的小巷，眼里满是千年之前发烫的夕阳。

晨是一片金黄

暮是一片金黄

寒谷渡的醉意

红灯笼都看在眼里

在青蛙村被咬了一腿包，哪只青蛙出来解释下

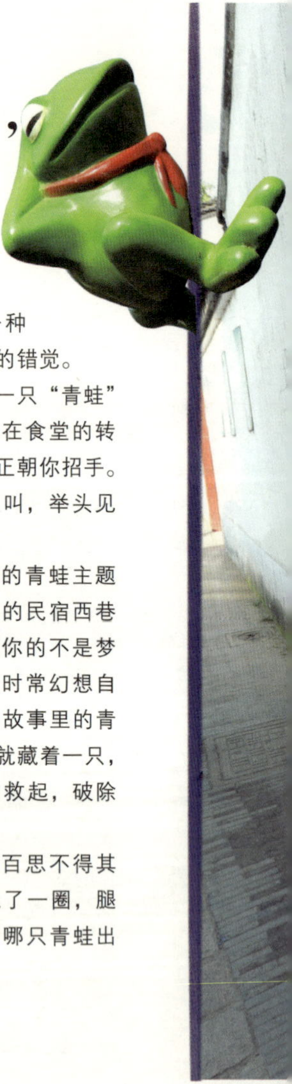

“稻花香里说丰年，听取蛙声一片。”踏入东山的青蛙村，仿佛走进一个充满童趣的时空。周边的村民习惯叫它田鸡村，给富有童趣的它又添了一抹乡野味道。

村未见，声先闻，还未走入村落，呱呱声已此起彼伏。春夏之际，青蛙出没，忽远忽近的蛙鸣，伴着午后的阳光，散不去的是温暖，品不够的是惬意。

彼时，年轻人外出拼搏，独留上了年岁的老人日出而作，日落而息。加起来两百余人的村子，陪伴村民的就是栖息在这里的青蛙。青蛙的种类达六十多种，其中包含了许多珍稀品种，可谓“蛙生”繁荣。

此时，年轻人重回家乡，赋予了村子新的生命。除了青蛙，隐藏在各处的青蛙雕塑、布满各处的青蛙涂鸦，都会让你有一种误入宫崎骏的漫画世界的错觉。你可以在电线杆上看到一只“青蛙”正朝你抛媚眼，也可以在食堂的转角处看到一只“青蛙”正朝你招手。春眠不觉晓，处处呱呱叫，举头见青蛙，低头还是青蛙。

或者干脆走进这里的青蛙主题民宿，感受一下太湖边的民宿西巷栖居，那么，每天叫醒你的不是梦想而是青蛙。小时候，时常幻想自己哪一天能够遇上童话故事里的青蛙王子，想来这里应该就藏着一只，等着公主从水潭里将它救起，破除巫婆施的魔咒。

只是有一件事让我百思不得其解，为什么在青蛙村玩了一圈，腿上多了好几个蚊子包，哪只青蛙出来解释下？！

Tips

青蛙村原叫西巷村，位于吴中区东山镇，是个自然风光极好的村落，三面环山，一面临湖，村口的长圻码头有船只通往三山岛。

据说，曾经的西巷村只有200多名村民，而青蛙种类却有60多种。小朋友们可以在这里体验手作、绘画等活动，大人也能感受和青蛙同住的民宿风情。

这波盖房子的操作没犯规

中国人对房子历来是“谜之喜爱”。现代人有钱喜欢买房子，古代人有钱喜欢盖房子。这一点，从太湖边的宅院就能看出来。东山雕花楼和启园，都是洞庭商帮的杰出代表衣锦还乡后盖的深宅大院。

仁本堂深藏于西山的堂里古村，其主家徐氏家族显赫，后人有开典当铺的，有从事金融业务的，堪称西山最显赫的大户人家。

第一次走进仁本堂正值深秋，售票处用“破旧”二字来形容，一点没冤枉它。可走进院里，又是另一番景象。柿子已经熟透，挂得老高，和红红的花窗相得益彰。精美的雕刻迎面而来——凡是有木结构的地方，都是木雕；门楼、照壁、墙体上有砖的地方，都是砖雕。砖雕、木雕、石雕加起来，总共有 3000 多件。从大的砖雕匾额，到小的木雕花窗，或花鸟鱼虫，或戏文故事，绝无雷同。这下明白了，这里为什么被称为西山雕花楼，从建筑风格上看，确实跟东山雕花楼是完美搭配。

偏爱极简风格的人会觉得雕花楼太浮夸，土豪气息浓厚。那就对了，人家建的时候确实是怎么炫富怎么来的。古代等级制度之森严体现在方方面面，不管是穿的衣服还是住的房子，不同阶层都有不同标准。王公、官员、庶民的宅第规模、形式和开间大小与进深都有严格的规定。清朝，三品以上官员的房子台基可以砌到二尺（大概 60 多厘米），四品以下官员的台基只能有一尺，老百姓家连斗拱都不能用。总之，规矩很多，不能僭越。

于是，银子很多的徐氏族人就想在雕梁画栋上做文章，既不违反规矩，又彰显了身份，能跟平头百姓区分开来。请最好的香山帮匠人造房子不算犯规吧，用最好的太湖石堆假山、最好的青石当地砖不算犯规吧，用上好的楠木做家具不算犯规吧。在这种思想指导下，仁本堂跨越康熙、乾隆、咸丰、道光多个时期修建完成，建筑风格独特，这在苏州古民居中还挺罕见的。

当然了，豪华是豪华，徐家人也没忘了给房子注入文化内涵。仁本堂这个名字就是儒商最好的体现，这三个字取自“以仁为本”“礼为教本”，是徐家人想跟暴发户区别开的小心机。

说起来，建个房子也够心累的，戴着脚镣跳舞，跳出了一座非凡的民宅。

Tips

西山雕花楼原名仁本堂，位于堂里村，始建于清康熙年间，是苏州现存雕花楼中历史最悠久的一座。主体建筑分东侧的老屋和西侧的新屋，两者之间用一条备弄隔开。小天井里有一株曼陀罗，200多岁，红、白、黄三色的花尤为突出，去的时候别错过了。除了仁本堂，堂里古村还有容德堂和沁远堂，保存完好，值得一赏。

门票：50元/人

Tips

明月湾古村，名字来自吴王夫差带西施来此赏月的典故。游客最喜欢打卡的地方是村口的古樟树和古码头。如果你是西山环岛游的游客，把这里作为落脚点非常适合，食宿便利，又位居环线的中点。门票 40 元一人。如果不看景点，可以早上 8 点半之前、下午 5 点以后进去，免票。

我的老家就在这个村儿

明月湾村，对大多数游客来说，是走过、路过的一个景区而已，但对我而言，这里是生我养我的村子。对于明月湾村成为一个卖门票的旅游景区，作为一个土生土长的村里人，我心里是非常抗拒的。

我留恋的村子里的点点滴滴，未必是游客们惯常去拍照打卡的老房子、石桥、古樟树，而是那些留下我童趣和回忆的一个个去处。

我留恋的，是没有熙攘人群的雨后明月湾，那里有安安静静、清清爽爽的石板街。一场短促的春雨之后，深邃幽静的巷子里没什么行人，干净的石板街上听得清你走路的声音，对面娉婷而来的是几位打着花伞、身着水墨色系旗袍的妹子，加上糯软的吴语，配上苏州女子含蓄甜美的笑声，这才是江南古村该有的调调。

我留恋的，是盘腿坐在村口石码头上，静看波光粼粼的太湖和橘黄色的落日余晖。那个石码头，在我童年记忆中就是一个好玩的地方。小时候，从村里去镇上、去苏州城里就得从这里坐船——那时，村里是不通公路的。一到夏天，石码头是我们游泳、洗澡的去处，小孩游完泳还有一个任务——打水冲一下白天晒得发烫的花岗岩（不降降温的话真会烫屁股的），然后用凉席在石码头上占“一席之地”。

在没有电扇的年代里，村里人晚上都会到石码头睡觉纳凉，尽管凉席下不平整的石头硌得人浑身不舒服，但湖边凉风习习，听着大人们聊天讲故事，看着满天繁星入睡，也是一件很惬意的事。当然，也会有睡相不好的人半夜一骨碌掉到湖里去的糗事发生，给大伙儿平添了许多谈资。现在每次回村子，只要天气不坏，傍晚时分我还是会到石码头上坐着看夕阳，看太湖的粼粼波光和归来的小船，看湖对面的三山岛，什么都不去想，就是安安静静地坐着发呆。

我留恋的，是在村后的山梁上，看着山下的村子里炊烟袅袅，看着浩瀚的太湖水。明月湾村三面环山，西边是太湖，绕着村子的那道山梁被村里人唤作潜龙岭——想不到吧，一道低矮温婉的江南山岭居然有这样一个霸气的大名。潜龙岭海拔也就几十米高，爬到顶上用不了 20 分钟。不同时节山上有不同景色：春天里山花烂漫，有生机勃勃的碧螺春茶园；初夏有黄的枇杷、紫的杨梅、粉的水蜜桃；秋天有可口的橘子、外壳像刺猬一样的板栗。在山顶，我甚至能分辨出，山下村子里的缕缕炊烟分别是从哪家的烟囱出来的。

明月湾村是我的故乡，美到我不想分享，只想私藏。因为江南古村落的美，实在不适合张扬。

你走之后，我等到地老天荒

关于乾隆的众多传说里，一定有位佳人，在水一方。不管是大明湖畔还是太湖畔，乾隆似乎偏爱在水边寻觅他的阿狄丽娜。

东村，太湖边的一个古村落。秦末汉初时形成，至今已有2000多年历史。以前受经济和交通限制，没有大规模开发。这几年虽然陆续兴建土木，但仍是旧时模样，原汁原味。

从村口往里走，不出几步，就有一块指示牌：乾隆金屋藏娇的地方，敬修堂向前30米。没错，这就是全村最核心的景点。金屋藏娇本是汉武帝和陈阿娇的故事，无奈乾隆皇帝自带主角光环。敬修堂就是这个有点刺激、有点禁忌的故事的发生地。

按照指示牌，向前走30来米就到了敬修堂。推开寻常人家的一扇木门，悠悠六进古宅便呈现在了眼前。房子基本处于荒废状态，也因荒废而显得异常原始。第一进、第二进、第三进……迈过一道道门槛，天光逐渐明亮，房子如今的主人——90多岁的金阿婆在院子最里面，讲述起两百多年前的一段情缘。

当年，乾隆下江南，微服私访上了西山岛，在东村爱上一位姓殷的村姑。但形势所迫，乾隆不能带殷姑娘入宫。为遮人耳目，乾隆让她假装与东村儒商徐伦滋结婚。徐伦滋常年在外经商，匆匆奉命回西山和殷氏拜完天地，没有入洞房就立即离家去外地做生意，一直到死也没见过他名义上的正室夫人殷氏一面。

第二年，殷氏为乾隆生下一个女孩，按理说那就是公主，身娇肉贵。乾隆没法亲自陪着她们，便派人在敬修堂的落地长窗上，雕了12条不同形状的龙，表示自己每个月都在陪伴她们母女俩。据说乾隆每次到苏州，都会与殷氏母女秘密相聚。

后来徐伦滋在外面生了个儿子，取名徐明理。殷氏去世后，徐明理来到北京，居然也见到了乾隆。听说殷姑娘已去世，乾隆专门派了刘墉、纪晓岚和翁方纲三位大臣为殷氏题词、撰写祭文。徐明理回西山后将这些题词和祭文刻在石碑上，放在东村徐家祠堂里供人瞻仰。

敬修堂后来几易其主，也曾同时住过多户人家。这些人家条件好以后，又陆续搬走。如今只剩下金阿婆一人独守大宅。老太太坐在院里细数历史，算算竟然已经在这住了80年。她一人守着古宅，守着12条长龙，守着殷氏的悲情人生。金阿婆自己明白，在她之后，怕是再也不会有人日夜守着这里了。

Tips

东村，位于苏州太湖西山岛的北侧，建于秦末汉初，相传因商山四皓之一的东园公曾隐居于此而得名。进村不要门票，进敬修堂要5元。堂内有刘墉题的《贞寿毓贤》碑刻，12扇落地长窗上雕有12条龙，是民居建筑中绝少见到的。另外，东村还有栖贤巷门、永安桥、东园公祠等古迹，蛮安静的一个村子，想看原味的江南村落，来这儿是极好的。

渔船伴着霞光，桅杆撑起夕阳

城市的喧嚣让人浮躁，春暖花开的时候，多想寻一处秘境，带着最爱的人来一场逃离城市的周末旅行。

苏州连绵近 280 千米的太湖湖岸线中，藏着无数令人向往的美景。

从香雪海景区门口沿山间公路一直往前，途中再沿一条往南的岔路一直走，不多远处，就是太湖渔港村。

站在村口放眼望去，无数的桅杆，密密麻麻地耸立着，渔船布满了整个港湾，犹如整装待发的古代战船，场面蔚为壮观。

太湖渔港村有渔船 600 多艘，号称中国内陆第一渔港。每年 2 月至 8 月是太湖禁捕期，渔船泊岸，数不清的桅杆呈现“千艘渔船停泊，万根桅杆矗立”的壮观景象。

这里的渔民祖祖辈辈以捕鱼为生，生活在太湖边，吃住在渔船上。改革开放后，渔民开始在陆地上盖房子，过上了定居生活，但也有不少老人还是以船为家，居住在渔船上。

岸上的渔村很小，却容得下熙熙攘攘的游客和食客。那些晒着太阳闲聊的老人，多半以捕鱼为生，在此安享晚年。被风穿透的弄堂里，每个骑楼下的拐角处，仿佛都会有一个旧日相识。

四周只有自然之音，附近几只水鸟飞过微波荡漾的湖面。

时光从未远离，明亮的阳光，水腥的热风，晴朗的天空。看到一个女孩在长堤上奔跑，男孩坐在码头上，盘着腿，视线追逐着她的身影，按动着快门。

有很多来写生的美院学生，似乎对于闲人们站在身后的张望已经淡然，我问一个梳着马尾辫的女孩："可以给你拍张照片吗？"女孩点点头，也不刻意摆什么动作或表情，如同世间的风，都是自然的一部分。

我们总是逐梦诗和远方，在疲惫奔波的日子里，这样静谧安然的生活，突然让人有一阵感动。晒在桅杆上的鱼干，高高地在空中飘荡，一只猫咪望着天，不知道是在遐想飞翔，还是垂涎于无法得到的美味。

这个世代靠太湖吃饭的村子有一个属于自己的重大节日，那就是每年8月底的太湖开捕节。无数只渔船从港口扬帆起航，驶向太湖深处。

从这一天以后的很长一段时间里，早上，随着太阳的升起，渔船慢慢驶出港口，傍晚时分，太阳慢慢落下，渔船从远处，伴着霞光满载而归。

Tips

太湖渔港村，是太湖流域渔民最集中的地方，1.66平方千米的陆地上生活着一千多户渔民人家。禁捕期村里最热闹，捕鱼期湖上最热闹，很多渔民吃住在船上，到过年才回陆地。八月底的太湖开捕节近年来都在渔港村举行，渔民会通过举行请神、祭神、悦神等祭祀活动，祈求平安和收获。祭祀结束便正式出湖撒网，"吃货"们准备好姿势，吃最新鲜的"太湖三白"吧。还可以顺路去村里吃碗"网红面"——太湖十八浇，记得晚上来，人家白天不做生意。路线很难描述，车也不太好开到门口，找不到就打电话吧：18306211148。

苏州最孤独的禅院

一岛一禅院，一人一菩提。

如果不是被人怂恿，我应该不会主动去三峰禅寺。

普通，这是我的第一印象。

在太湖中乘船十几分钟，登上三山岛后便奔着那里匆匆而去。先是水泥路，再是石板路，旁边一条不起眼的小路尽头就是庙门。

从建筑上看，这里没有令人称奇的雕梁画栋；从历史上讲，这里也没有“宋元时期”的书袋可掉；说澄澈心灵，对于初次来到这里的人来说有些矫情了。但跨过了庙门，便俨然是另一个世界了。两扇厚厚的木门将俗世的喧嚣挡在外面，除了虫鸣鸟叫、涛声风语，耳边也没有别的声音。

院里的师父正在劳作，不疾不徐。我有问，他有答，丝毫没有对闯入者的责怪。即便很奇怪的问题，他也是娓娓道来。微胖的身材与脸上长挂的微笑，使他看起来十分和蔼可爱。师父常住，每日与自己相伴，朝看日出，夜观星辰，赏风赏月。与师父的邂逅，自在得像与一位久未谋面的旧友相遇，纵然只是静静地坐着，一言不发也没有一丝尴尬。

半日相谈，下山，恋恋不舍。晚霞将天空晕染得彤红，湖面上也只剩一叶小舟在粼粼波光中悠闲地穿梭。再回头，一抹黄色掩映在山上的绿树中，那般安静。

这里是苏州最孤独的禅院，却有最不孤独的住持。

Tips

三峰禅寺坐落在三山岛上，这是苏州最孤独的禅寺。一位师父，打坐参禅，青灯古佛，粗茶淡饭。从陆地上的长圻码头至岛上的先奇码头，每日定时有班船往返。对时间要求较高的小伙伴，可以租赁快艇往返。

三山岛的旅游开发还不错，农家乐有 100 多家。9 月和 10 月是旺季，需提前预订。费用一般 100 元左右 / 晚，包吃包住，湖鲜草鸡，都还不错。

这样一处江南，让少年泪流满面

你眼中的江南，是一种怎样的风景？

步履匆匆的上班族，穿梭的地铁，偶尔小清新的下午茶，一场音乐剧，一场时装秀？

这样的江南，每座城市都有。

我要的江南，是那个鱼虾满舱、稻浪翻滚、荷香遍野、听取蛙声一片的农耕的江南。

多少次午夜惊醒，被围困在城市的中央，窗外有马达轰鸣，街灯彻夜不眠，浩荡的湖面不闻渔歌。我穿着宋锦织就的华服，行走在钢筋水泥的都市丛林，吟哦高歌，千年的风月被阻挡在高楼大厦之外，无人唱和，风沙弥漫在喉咙，雾霾蒙蔽了眼睛。所以，不要惊讶和取笑我，见到那一片田园时的泪流满面。

这是少年的江南。

立秋过后的清晨，雾气薄凉，禾田披着油绿的衣衫，再过些时日，稻谷开始抽穗。雨后的荷塘，洁净的水珠在荷叶上嬉戏，农夫的双手在水里一番摸索，捧出一支粉嫩的莲藕。蝴蝶追逐在荷花之丛，若是郎有情妾有意，那莲蓬就是楼台，诉不尽的前世与今生。

水渠里的水缓缓流淌，淘气的小儿郎，塞了一只箩筐在下游，一路踩着水激起一阵阵水花，惊了觅食的泥鳅。田埂上的女娃娃，挥舞着手里的玉米秆，欢呼雀跃："好多泥鳅，哎呀，哎呀，还有小鱼！"

此般情景，叫人怎能不忆年少？这是记忆中的江南，姑苏城外，碧波万顷，良田万亩。

你看呢，鸡头米长在这铺满水田的绿毯里，趁着雨后的清凉，抓紧收了这一亩的果实。白鹭翱翔天际，盘旋着落在农夫走过的田地，追逐着虫蛾，还有水洼里挣扎的小鱼。采完莲藕，鸡头米也熟了；吃过鸡头米，又该是俊俏媳妇划着船儿采红菱的景象。

似乎一年闲不得几时，来自大自然的丰厚回报，令每一张朴实的脸，挂满了收获的喜悦。

衣食无忧的乡翁，一壶茶，一根钓鱼竿，湖边坐上半日，看渔船往来不息，撒网收网。

当年身强力壮，他也曾是风里雨里驰骋湖面的浪里白条。

这一处有你津津乐道的塘鳢鱼。剔下那小小鱼儿肥嫩似豆瓣的脸颊肉，做成一碗鲜美奢侈的雪菜豆瓣汤，可知要羡煞多少饕餮客？

远方的村舍，有炊烟袅袅。归家的脚步，沐浴在霞光里。小小的院落，竹篱菜圃，几畦韭菜与小葱。更有丝瓜、豆角，藤蔓缠绕竹枝，红的、粉的花儿，吸引来蜜蜂嗡嗡。门前桃李丛菊，门后绿水垂柳，蔷薇木槿满园，关不住的芳菲。小儿一路欢笑，家养的大白鸭早就等在路口，长长的脖颈一伸一缩，嘎嘎地叫唤，迎向满载而归的小主人。

满筐的泥鳅犒赏忠实的白鸭，早有盘旋半空的白鹭，飞掠前来抢食。飞鸟不怕人，与大白鸭竟也"相敬如宾"，没有预想中的骚乱。出来摘葱的农家阿嫂，折返回屋，舀来一碗玉米喂鸟。莫要惊奇，阿嫂说："这些鸟也是我们家养的。"

暮色降临，稻田里不止有蛙鸣，几盏萤火，扑闪扑闪，应和着远处城市的灯火。湖风清爽，带着清新的水汽。新月在天空游走，来自亘古的星星，仿同脱离了管束的顽童，在明净的夜空，肆意而欢。

此般江南，令人迷醉。

Tips

临湖镇**柳舍村**是太湖边一个看得见山，望得见水，记得住乡愁的乡村。推荐几个休闲好去处：

大仇家咖啡茶吧，游船码头西侧，经营咖啡和茶点为主，小而精致。

右见·十八舍民宿，位于村庄中心广场，3户民居改造而成，18间主题客房。张柏芝主演的《如果爱》的取景地。

半山艺民宿，为了保留老房子百年的历史，几乎没有进行大面积的翻修，很有味道。不住店也可享受餐饮茶点。

易成居民宿，在柳舍村入口处。推门即一亩方塘和鱼群。整座民宿弥散着淡淡的茶香，老板娘也始终致力于推广茶文化。

悠闲生活的

选择有很多

今天只讲这些

呼吸森林

呼吸月亮

呼吸水汽

呼吸淡淡青草味

最终

这一切

变成风和你相遇

伍

来杯不放香菜咖啡

遇见她，
我端起诗人的腔调

小时候爱看《还珠格格》，总渴望自己有一匹良驹，骑上它，唱着“让我们红尘作伴，活得潇潇洒洒”，好像从此就可以策马奔腾，化身小燕子了。

直到有一次秋游，去了西山牛仔俱乐部我才知道，马儿在家是养不活的，因为我的家里没有草原。如今西山牛仔俱乐部换了名字，叫太湖牛仔风情度假村。不过没关系，它在老苏州人的印象里，依然是苏州跑马地的扛把子。它总占地800多亩，其中陆地600多亩，水域200多亩，拥有100多匹良驹，号称华东第一马场，还拥有一套成熟的马班子。

何谓马班子？清晨，100多匹骏马从接待中心的主干道上狂奔出厩，不需要驯马师和饲养员，它们成群结队，场面磅礴，远处就能听见马儿的嘶鸣，如浪潮一般，迎面而来。到达栖息地后，工作人员会根据当天马的状态进行检查，主要

还是看颜值——昨晚没睡好有黑眼圈的不要，吃了不该吃的有点体虚的不要，没有露出笑脸的统统不要！然后园子开门了，成功“晋级”的马排成队，“接客”的一天开始了。所谓“接客”，便是皇家马车游览、骑马和马术俱乐部等项目。

首先是观马。要想近距离观察马儿，一定得坐一下英伦皇家马车，白马配花车，有种被宠溺的感觉。皇家马车会绕马儿的栖息地一圈，迎着微风，沐浴阳光，感受马儿最真实的状态。

其次是骑马，必玩项目。这对初学者来说是个费劲活儿，因为它需要很多的体力和技巧，还要承受第二天起床全身酸疼直不起腰的难受劲儿，所以，走一圈跑马地，过一把骑马瘾就够了。如果你实在按捺不住想要让马儿跑起来的话，得找专业的驯马师。园内聘请了许多专业的驯马师，教你如何自主上下马、调整马镫、有节奏地打浪快步等。

除了骑马，园内还有许多休闲娱乐设施，将它粗犷、豪放的原生态风格淋漓尽致地呈现，例如卡丁车飞跃、真人 CS、弯弓射箭、野外攀岩等。

转了一圈，这个混搭跨界的度假村居然让我诗兴大发。骏马奔驰时，它狂野刺激；夕阳泛舟时，它温婉安然。而我选择海子的诗，表达心情。

从今天起，做一个幸福的人，喂马、射箭、看西山素颜；

从明天起，关心粮食和蔬菜，我有一座树屋，面向太湖，春暖花开。

Tips

苏州安住幸福山庄**太湖牛仔风情度假村**，位于吴中区西山的消夏湾。全年活动不断，玩的项目也很多。牛仔风情节从 9 月中旬持续到 11 月底，为期 2 个多月，有马术表演、蒙古摔跤、牛仔歌舞秀、花车巡游等想想都激动的项目。住一晚是个不错的选择。黄昏，爬到山上的观日轩，能看太湖全景，这是个特别的体验。晚上还有篝火晚会和水灯祈福。住的方面呢，有树屋也有别墅，据说原木都是从俄罗斯进口的高级松木，进屋就有扑鼻的木香。

列几个主题，各取所需——

养生型：看观音洞、地藏菩萨，喝碧螺春，观赏日落，闻梅花香，泡美人汤。

亲子型：儿童游乐区、小马骑乘、夏冬令营、采摘有机蔬菜、赏荷花。

青年型：骑马、卡丁车、攀岩、高空滑索、射箭、快艇、协力车。

团建型：[illegible]、商务会议、土灶烧烤、树屋度假。

开放时间：8:00~17:00

畅玩票：160 元 / 成人

泛舟采红菱，推开一池柔情

那一年，菱湖湾风光无限。不仅因为景色，更因一些人的到来。

刚刚凯旋的英雄匆匆卸下金甲，携美赴郊——因为一个约定。他，为伊人植菱百亩，相约处暑时节乘舟采荷菱。一位多情的王者，一位绝色佳人，他们注定成为佳话，人间传奇。湖水白花点点，菱叶浮浮沉沉，流光飞舞间，他们的故事亘古流传，伴着菱湖湾风雅的沁香，惊艳千年。

如果说菱湖湾是留在时空中的蓬莱，那么沐春园就是菱湖湾通往尘世的驳岸。

这里有令人魂牵梦萦的水居生活，充满烟火气息的太湖厨房，能够凌云俯视的飞行体验，驰波驭浪的水上运动，还有风情独具的园林小筑。

不知何时，“乡愁”一词开始流行。乡愁是一种什么情愫？是魂牵梦萦却近乡情怯？是看遍世界但我心依旧？是从前的日色、远方的人、故乡的食物？还是在这纷扰喧嚣的世界里，我们有过半隐生活的渴望。

在沐春园，你可以独处。时蔬不仅是餐桌上的美味，也成为静好的岁月里，一寸景，一道色，一味逸趣。园内有以水八仙中的茭白、芹菜等颜色清雅的时令蔬菜为主的布景，别有新意，也有“寒生秋静星光冷，小筑春深花影重”的园林布景。

沐春堂前墨线勾勒诗意，浅绛新绿铺成一池柔情，曲径通幽处，海棠垂丝，玉兰点缀枝头，诉不尽的缠绵。

临水而居，半卧窗前，聆听湖水拍岸，遥看远山如黛。天微亮时，迎着晨曦，跟着渔民撒网于万顷碧波之上。晴好时，乘帆驾浪，环游湖岛之间，与飞鸟跃鱼为伴。

沐春园西，有一处飞行俱乐部提供低空观光项目，可以乘着直升机俯瞰大太湖的壮美。

有一次在太湖厨房点了一道清炒菱角鸡头米，突然有种莫明触动。菱角和鸡头米的相遇，如同人世间所有的相遇，都是久别重逢。味道万千，在茫茫食林之中，能够令自己回味无穷的那份，往往是带着感动的温度。

内心充盈，有丰富的日常，爱好能够填满思考空间。在菱湖，所谓生活，大抵如此。

Tips

菱湖湾相传是吴王夫差和西施种红菱的地方，**沐春园**就在其间。这里是一个三面环水的环湖休闲旅游区，免票。这里有很多生态体验，比如露营拓展、直升机等项目，最有渔家特色的体验是放地笼，傍晚乘坐太湖渔船把地笼放入湖中，第二天清晨再乘船去湖中心收笼，收上来的湖鲜即刻烹制，新鲜，让人很有成就感。过夜的话推荐菱湖水居，共20间房，每个房间都能直面太湖，于青山环抱中仰望星空。

地址：吴中区环太湖大道2666号

你和 NASA 最近的一次关系，全靠它了

一进机器人博物馆的门就乐了。

入口处可没有什么十足漂亮的礼仪或接待，而是一个圆滚滚的机器人，会对话，会跳舞，还会眨巴眼睛抛媚眼……别停留太久，虽然它可爱，稀奇的宝贝可还在里面呢。

带电的鱼在水里游，它们个头虽小，身上背的奖却很大——巴黎艺术设计类创新大奖。还有一个更大的名头：亚洲地区仅在这个馆提供展示表演。这是一款名叫“金宝”的会发光的水下鱼形机器人，在我们看来简单至极的鱼儿摆尾动作，在它们身上可是国际专利——它们可以通过尾鳍的摆动实现自主游动，通过水介质中的定位方法和全球领先的移动通信系统来实现互相定位。撞晕咱的鱼？不存在的！

你和 NASA（美国国家航空航天局）最近的一次关系，可能也要在这里发生，因为博物馆最显眼的地方站着的机器人“三宝”，与美国国家航空航天局内的那一位可

是“亲兄弟”：它们均由世界上唯一生产商业真人大小类人机器人的企业制造，主创团队也是同一个。不同的是，NASA 里那位哥哥是第三代，面部相对而言更卡通，而馆内这位是升级后的第四代，不仅在五官上极其类人，而且可以实现上百种表情的变化，在智商上，也可以绝对碾压我们——它会 30 多种语言！“三宝”甚至还会一点“玄学”：它可以估算你的年龄以及心情。

博物馆就该是隔着玻璃静静观赏？这里又要颠覆你的认知了，毕竟有那么几组机器人可一直是“求互动”的状态。先不说“金宝”旁边的小小舞台上，十来个机器人会时不时地斗舞，就连旅游景区里半小时快速画像的老板们，在这里也得流下嫉妒的泪：往机器人前一坐，它三五分钟就能给你画出一幅肖像画来。

除了这样“你画我看”的和谐，这博物馆里还能来两场人机大战，想挑战最强大脑，不如先和这里的“未来大脑”PK（挑战）一下。

Tips

创想机器人博物馆票价 120 元/人，团队去的比较多。馆内有很多互动项目，比如机器人跳舞，画画，走迷宫。

地址：吴中区友翔路 18 号，轨交 4 号线（支线）天鹅荡路站 2 号口出，向南步行 500 米即达。

开放时间：每周二至周日 9:00~17:00，节假日照常。具体可查官网。

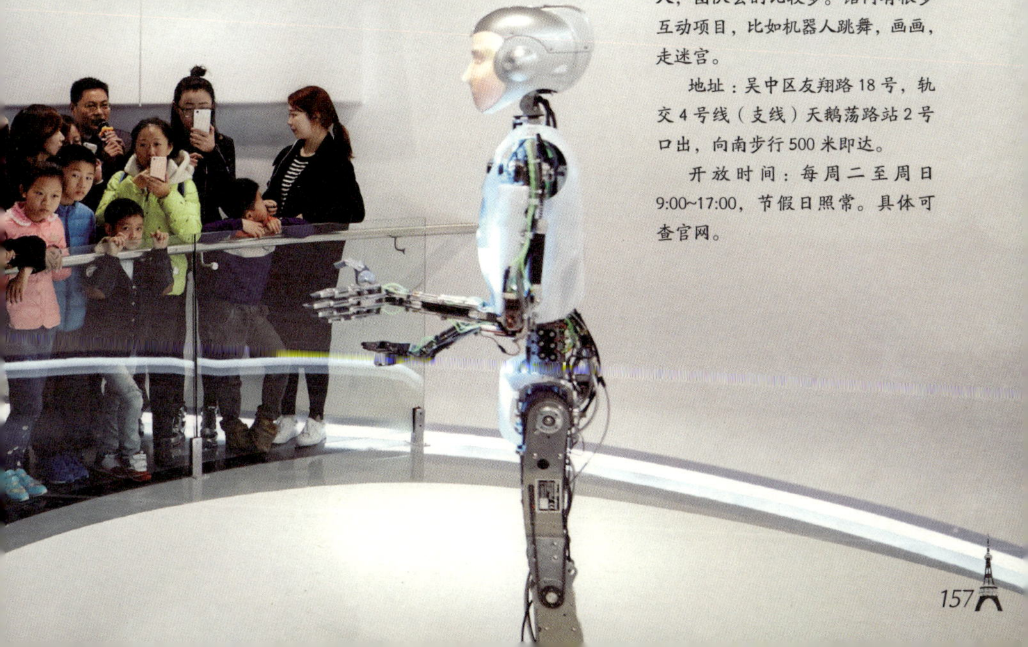

去万鸟园，给孩子最长情的告白

《大话西游》里，至尊宝说："我不戴金箍，救不了她，戴上金箍，就爱不了她。"为人父母，在快节奏中工作生活着的我们，又何尝不是如此？

要赚钱养家，要给孩子衣食无忧的生活和更好的未来，就得放下孩子，披上铠甲，开会、加班、出差、应酬。只是，当宝贝说出"爸爸妈妈，你们再不陪我，我就长大了"的那一瞬间，我们依然会心酸、愧疚，悄悄红了眼眶、湿了眼角。

挑个周末，放下电脑和手机，忘掉客户和方案，牵起宝贝的小手，全情投入地玩一天，好不好？

小动物对孩子有天然的吸引力，万鸟园的鸟语花香，一定能让小家伙们开心地跳起来。

小家伙们可以在小山坡上喂鸽子、追鸽子，去湖边看天鹅优雅展翅。如果穿上漂亮的衣服去孔雀那里扭扭跳跳，说不定还能惹得骄傲的雄孔雀开屏！

在这里，鸸鹋是当之无愧的"巨人"，大嘴怪巨嘴鸟是第一道独特的风景线。鸟中的歌舞明星戴冕鹤和自带美颜滤镜的火烈鸟则是颜值担当。

记得别错过鸟儿表演时间，那是鹦鹉的主场，在"小姐姐"的指挥下，它们陆续登场，表演拼图、轮滑、做算术、打篮球、走钢丝、骑单车这些拿手绝活，它们的人气可不是一般高，小家伙们的掌声就是最好的证明。

"爸爸，这是什么鸟啊？""妈妈，这个鸟的嘴巴怎么这么大？"小家伙开启了十万个为什么模式怎么办？别慌，园子里有多媒体的鸟类科普馆，这里浓缩了太湖湿地景观和穹窿山湿地系统，有半景画加仿真山地造景，还有各种鸟类标本和五花八门的鸟蛋，小家伙可以身临其境地"涨"知识。参观完了去互动区，那里有观鸟镜、涂鸦小鸟墙和折纸泥塑等互动小游戏，和爸爸妈妈一起折纸、捏小鸟，甜蜜的种子悄悄种在了孩子们的心里。

不知不觉半天过去了，肚子咕咕叫了吧，在树荫下铺开一张餐布，摆出早就备好的午餐、零食和水果，开始期待已久的野餐吧。我保证，平时再挑食的小朋友，也会把餐布上的食物风卷残云地消灭掉。

在万鸟园众多鸟儿的帮助下，我轻松地当了一回合格的家长。都说陪伴是最长情的告白，宝贝，愿时光慢一些，再慢一些，让我把全部的爱都给你，让我陪着你慢慢成长。

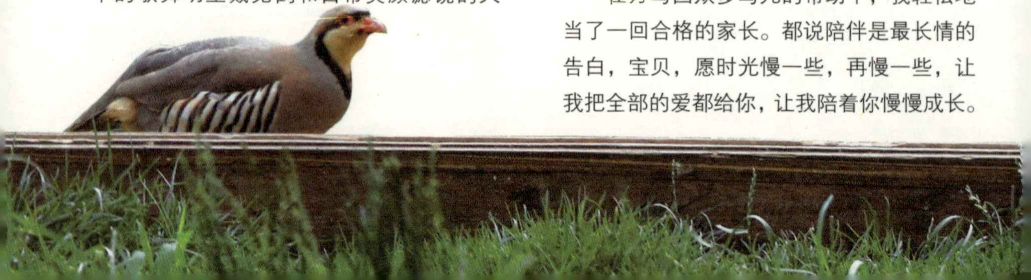

Tips

万鸟园位于国家 5A 级景区——苏州穹窿山风景区内，占地面积 130 亩，是鸟类主题生态旅游景点。

万鸟园有世界各地 150 多个品种的鸟类，总计上万只鸟儿，其中世界珍稀鸟类有 20 多种，国家珍稀鸟类有 30 多种，主要有鹦鹉、火烈鸟、鹤、鸸鹋、鸵鸟、鸳鸯、红腹锦鸡、孔雀等。

千万不要错过表演，人鸟对话、拼图、做算术、打篮球等鸟类表演是家庭亲子游的佳选。

地址：苏州市吴中区穹窿山风景管理区万鸟园景区

开放时间：8:30~16:30（取票时间为 16:00 之前）

门票：成人票 60 元 / 人

天空有鸟飞过

鸟类通常被视为生态环境的指示物种。苏州太湖完善的湿地生态系统，有关部门对湖滨湿地有力的保护与修复，使太湖水质干净、食物丰富、人为干扰较少，从而成为鸟类的天堂。

白鹭

除了腿、脚和嘴之外，全身雪白。如果脑袋后面有两根细长的羽毛，那说明它在繁殖期。

戴胜

头戴羽冠，背有条纹，嘴巴细长，颜值没得说，就是不太讲卫生，又名臭姑鸪。

翠鸟

背上蓝色，肚子栗棕色，撞色王。嘴巴长，喜欢吃鱼。

布谷鸟

我就是"杜鹃啼血"本鹃.

黑翅长脚鹬

身上黑白配,
脚踩红舞鞋,
此乃水中芭蕾
舞者.

北红尾鸲

喜欢落在突出
的地方, 尾巴
颤个不停, 没
有憋尿, 就这
毛病.

苍鹭

很大一只, 全身灰白, 可长时间缩脖子
站着不动, 没有被点穴, 就这习惯.

有一个地方，
给老人充电给小孩放电

文艺青年喜欢什么？听戏、看剧、读书、画画……没有办法，就是这么才（xǐ）华(huān)横(pāi)溢(zhào)！吴中区有这么一个地方，能够一站式满足文艺青年各种需求。这个地方，就是位于吴中高新区东苑路1号的吴中区公共文化中心。初次来到这里的人，大都会被它奇特的外观所吸引。据说，此文化中心由同济大学建筑设计研究院操刀设计，本着石水相生的文化理念，打造了一方一圆两幢建筑。方的象征太湖石，圆的象征太湖水。

不仅外观造型奇特，两幢建筑物的内部更是别有洞天。作为吴中文化新地标，这里承载着提升城市功能品质的重要任务。一层层看过去，图书馆、文化馆、档案馆、城建档案馆、规划展示馆应有尽有，青少年活动中心、妇女儿童活动中心、法制宣传教育中心、苏州保利大剧院（会议中心）、艺术展览中心热闹非凡。

这五馆、五中心各司其职，各吸其粉。

文化馆里的好学生是退休的叔叔阿姨。他们学习书法、乐器、舞蹈、戏曲，一板一眼，

有模有样，不停给自己充电。青少年活动中心里的好学生是咿咿呀呀的宝宝。他们拼乐高、玩水彩，旋转跳跃不停歇，不停给自己放电。

安顿好老的和小的，就该自我提升了。去图书馆或剧院，或看书或看剧；去户外的朗读亭，体验主播的日常，享受把文字变成声音的奇妙魅力；去艺术展览中心，欣赏名家名作；去档案馆，看吴中方志，手抚过老照片、老报纸和馆藏实物，零距离感受吴中区的发展历程和人文积淀。

这里不是常规意义的景点，而更像是本地人生活半径内的休闲之所。如果你想感受最本地的生活方式，最自然的百姓面貌，那来这里准没错。

Tips

乘坐轨交4号线到宝带路站，向东步行几分钟就能到**吴中区公共文化中心**。若自驾前来，地下停车场有充足的车位。图书馆有自助储物柜，一键存取。享受完精神食粮，可以去不远处的丽丰购物中心用餐。

老电影茶馆原为民国名医戴百平祖宅。在这里不仅可以欣赏店主收藏的各色老电影物件，品一杯好茶，还可以参加丰富多彩的活动。周末，这里会定期组织读书会和古琴研究会活动。

营业时间：9:00~18:00，周一休息

地址：甪直古镇中市上塘街 34 号

老板，周末放《地道战》吗？

还记得第一次看露天电影，是在村口广场的大榕树下。傍晚的时候，就看见有人在那支起两根高高的杆子，再挑高一块巨大的白布头，用粗粗的绳子拉扯四角，白布绷平之后就是荧幕了。

黄昏时分，天色渐暗，村里的人都到得差不多了，家家户户带着长椅板凳，围着那块白布坐着，仰高了头，脸上写满了期待。那会儿的胶片放映步骤很复杂，放映员总得倒腾好一会儿——伴着小孩儿们不停的催促声，手忙脚乱地倒腾。

终于，电影开始放映了。《地道战》里高传宝的脸时不时因为刮风而扭曲一下，引来孩子们一阵哄笑。虽然已经放过很多回，但所有人还是聚精会神地看着，仿佛此时此刻，只有眼前这一片小世界。

回想那时的时光，简单得令人着迷。虽然现在看电影早就不是什么难事，可我依旧怀念那个放着黑白画面的年代。前些天去角直，巧遇了一家老电影茶馆。里头除了古朴的老宅，还有各种与老电影有关的陈设，让我颇为动心。

这家茶馆在角直古镇里头，茶馆所在地曾是民国角直四大名医之一戴百平的祖

宅，老宅坐西朝东，临街面河，原有四进，现存三进。如今老宅前三进被修缮一新，成了一间茶馆。店主是个老电影的狂热爱好者，据说曾经是中国电影行业第一代的从业人员。他从那时候起爱上了有关电影的一切，于是收集了很多很多老电影胶片、放映机、宣传画和电影明星的照片。

走进老电影茶馆，首先就是老宅的大厅，旧时名曰凝丰堂，是戴百平坐堂问诊的地方。地面以青砖铺就，雕花的门窗透着古意。抬眼望去，目光瞬间就被满墙的明星签名给吸引住了！这里展出有两百多份中外电影人的亲笔签名，其中不乏王铁成、张瑜、秦怡、山口百惠等著名影人的。对一个痴迷于老电影的人来说，这哪是一间茶馆，简直就是一座宝藏。

大厅后面的另一进宅子，名曰鹤颈轩。厅堂里长桌板凳，可座谈聊天。角落里是大量的老电影杂志，年头甚远，满是历史的味道。一个戏台占了鹤颈轩的北墙，现在时常用来放映老电影，用的是老板收藏的老放映机和老胶片，其他时间也会有昆曲票友或是古琴爱好者过来表演交流。

另外说一句，茶馆的碧螺春来自老板家的茶园，品质上乘，茶香怡人。手托一杯香茶，穿过戴宅的牡丹棚，看着店里如博物馆般的老电影收藏品，心里那份在村头等着电影放映的期盼又渐渐跳跃了起来。

“哎,老板,这周末会放《地道战》吗？”

和森林一起呼吸

吴中区有一家咖啡馆，在所有盘点苏州最有格调咖啡馆的清单里，准有它的身影，不管是 top30 还是 top3。在“网红”经济盛行的今天，这不稀奇，环境好点，绿植多点，适合拍照的小资地方，都很容易刷出存在感。但是一家咖啡馆出现在苏州市住建局的红头文件里，成为村镇建设优秀示范项目，是不是有点不给其他咖啡馆活路了。

这家店在森林里，太湖边高耸的意杨林和林中几处茅草屋轻轻松松营造出武侠世界的氛围，悠扬的笛声穿过树林，跨过小溪，越过木栈道，最终和浩浩汤汤的太湖水流淌在一起。这世外桃源，分明是任盈盈抚琴，与令狐冲初相识的地方。

现代人来这，当然不是为了见圣姑与公子，只为在呼吸森林咖啡馆，呼吸一口森林的氧气。

此前，这片林中就有几幢夯土结构的房屋，店家没有将其完全拆除，而是改造

了这些破旧的老房子，保留其古朴的外表，内部配以舒适的现代设施，满足人们既想回归自然又不想过野人生活的矛盾心理。关于这一点，去茅房看看就明白了。

玻璃房是个好东西，点一杯咖啡在沙发上舒服地靠着，既能看到在外面玩沙子的“熊孩子”，在秋千上裙角飞扬的美人，也能欣赏林中时刻不

同的光影变幻。人与生态环境最大限度地融合，谁也没主宰谁，谁也没臣服于谁，大自然和人都很舒服，包括店家养的兔子和羊咩咩，也是心宽体胖的模样。

离咖啡馆一二百米的地方，有一个画家工作室；五六百米的地方，有一座明代古桥——里尺桥；七八百米的地方，有苏州最美公路——环太湖大道，大道一侧是绿油油的森林，一侧是蓝晃晃的湖水。在这样一个地方，只要呼吸，忘我地呼吸，就能体会生命的美好。

Tips

呼吸森林咖啡馆位于临湖镇的黄墅村。行驶在环太湖大道上，看到一块刻着“黄墅村”的大石头，在这个路口拐进树林里就能找到咖啡馆。适合亲子出行，木屋、木栈道、秋千、沙堆都是小朋友的最爱。临湖一日游的话，上午逛沐春园或园博园，中午在水泽堂农家乐吃饭，下午来呼吸森林咖啡馆消磨时间，然后去柳舍村感受社会主义新农村的灵动，休闲不累。

地址：环太湖大道与腾飞路交界口东南侧黄墅村

生活好似 COFFEE，有苦有甜

花季咖啡

虽身处太湖畔，但在院里是看不到湖的。外面茅草屋，里面欧式风，自我评价是一副现代相，一颗怀古心。门前种了几十株樱花树，除了咖啡、甜品，也有西式简餐。

地址：环太湖大道 108 号太湖新天地内（新木器时代饭店东北 300 米）

池塘咖啡

位于旅游上主打青蛙主题的西巷古村，也叫青蛙村。一进村口，就有片池塘，坐在池塘边喝咖啡听蛙叫，再买点青蛙纪念品，大人孩子都喜欢。

地址：东山镇青蛙村（长圻码头）

知味恋歌

小小的木质招牌低调地挂在屋檐底下，穿过回廊便是满院满墙的植物。和樱花季咖啡馆一样，都是一家烘焙学校开的，甜品很不错。店家说为了保留深山中的宁静，恕不接待小朋友，不提供棋牌服务。周一休息。

地址：旺山景区内钱家坞 20 号（良良人家农家菜北侧）

雕刻时光咖啡馆

有好几家店，东山、西山、沐春园景区和太湖园博园内都有，比较推荐太湖游客中心这家，不但门头别有洞天，还养了一只大白猫。

地址：太湖游客中心1楼（近胥香路）

美茶

临湖而建，装修是小清新和宫廷范儿的混搭，以白色调为主。包厢有最低消费。太湖新天地门前可免费停车。

地址：环太湖大道108号太湖新天地内（新木器时代饭店往西100米）

隽品堂

集咖啡和购物于一体的小店，坐在院子里荡秋千、品茶、“吸猫”都是与江南古镇极相配的事。

地址：木渎镇山塘街55号（近虹饮山房）

沐汐与花季

这是咖啡店吗？这简直就是个花园，地上桌上都是鲜花，室内有一张很长的大方桌，上面摆着各种花器和鲜花，如果你还不想来这家“网红”店打卡，那你可能真的没有少女心。

地址：木渎镇寿桃湖路和玉山路交叉口往北400米

陆

夜空中，最亮的，星与梦

约会不如睡觉
追剧不如睡觉
“剁手”不如睡觉
最爽不过睡觉
把时间交给枕头
把自己交给床垫
床
是人类的好朋友

Tips

玖树·森林的秘密度假村，环境优雅，总共29间房。水岸房4间，只有大床房没有标间，配渔具，均价1988元/晚；云端树屋25间，均价1588元/晚。据说后期还会有帐篷房。堂系列主题餐饮要提前24小时预约，不住宿也可以单独订餐。温泉可提供水疗服务体验，空廊提供会议、婚礼、生日派对等定制服务。

地址：吴中区临湖镇腾飞路1298号，园博园南门对面

有个秘密落在树梢

记忆中印象最深的木屋，应该就是《飞屋环游记》里的那幢。疲惫的时候，常幻想自己也能够有这样一幢会飞的房子，可以带我们飞向理想中的美好远方。在风景秀丽的太湖边，就有这样一片遗世独立的木屋群落，很适合在压力繁重的日子里，带最爱的人一起去消磨时光。

沿着环太湖大道一路往南走，一直到园博园边上，就能找到总面积约 12 万平方米的“玖树·森林的秘密”。集自然生活、餐饮休闲、住宿温泉、人文生态为一体的森林度假村里，有雨湖、青溪、静河环绕其间。整片森林里总共只有 29 幢木屋，每幢都依地而建、错落分布，又因其位置的不同而分为两大主题：靠水的叫“水岸树也”，靠森林的叫“云端树也”。

把车子停在入口处，会有接驳车前来接应。因为这片秘境不是开放式的，也不

允许外来车辆进入，所以林中的生态环境和客房的私密性都受到了很大限度的保护。放下行李的第一件事，就是一头扎进森林里，深吸一口新鲜的空气，或者走到阳台上，听鸟儿林间欢歌，看鱼儿水中畅游。阳台很宽阔，可静坐垂钓，亦可相对品茗。

卸下厚重的妆容，换上舒服的鞋子，然后沿着山林漫步。随处可见的花草树木，个个在跟你点头问好。除了住宿区之外，这里还有一些特色主题区域：带父母同来的游客可以去泡泡温泉、解解乏，带宝宝的可以去体验“帐篷树也”和“森林童话”。若是喜欢安静，就去“初见书房”里看看书，或者品尝一下地道的森林式咖啡。书房不远处有一片空廊，这里常常会化身为举办结婚仪式的神圣殿堂。殿堂的对面就是偌大的草坪，鸟儿自在地嬉戏，叽叽喳喳地给新人送去祝福。

林中还有一个品尝美食的好去处——森林料理·遂初堂，林泉高致、声声鳗、沙舟唱晚、落照剪芙蓉……单是看看这些菜名，就突然对“腹有诗书”有了另一番理解；至于那些精致可口的美食，就会让你更加欣然忘归了。饭罢已入夜，沿着小径慢悠悠地往回走，月儿静悄悄地浮在水面。善解人意的晚风徐徐吹来，终于可以物我两忘，洗却一身的烦忧。

“明月清风本无价”，想来也就是此情此景吧。

把时间还给时间，把自己还给自己

密不透风的生活里，处处充斥着喧嚣与琐碎。于是我们强行将自己划归“佛系”，妄图逃离。好在，总还有那么一些温暖的去处，能让我们暂时忘却眼前的不安。

和半山艺结缘，像是宿命使然。虽是误打误撞地闯入，却如久违的归客般，看一草一木，都似曾相识。

拾级而上，映入眼帘的是半亩方塘，鱼儿在水中欢快畅游。院子右侧是半山主人的书房，书房正中嵌着一扇古旧的木门作为隔断。门前还摆着一琴、一桌，与墙上的黑白水墨相映成趣。

“人到半山，止息而行”，和半山主人进行了交谈之后，才深知其志趣。也忽然了悟，原来院子里那些奇石、花草、树木的存在并不是为了造艺，而是半山主人在表达自己对这座精神家园的解读。

当夕阳的余晖洒进院子，厨房里飘出了饭菜的香味。老板娘做得一手地道的川菜，麻麻辣辣、红红火火，是不同于甜糯的江南古村落的半山味道。

享受完大餐之后，我们开始挑选房间。花事、云隐、玄音、雨间，每一个房间名字都禅意满满。房间里书、花、茶、酒应有尽有，每一件小物都极尽雅致，隐含着主人的玲珑心思。

从二楼的窗台望出去，能看到挂在巷口的一弯新月。不远处隐约有犬吠声传来，和着近处的蛙鸣，融成了一首独特的月光曲。身处这样的意境中，大有“复

得返自然”之感。

一曲听罢，满意地和月儿道个别。拉上窗帘，在暖黄色的灯光下，舒舒服服地泡个玫瑰浴，连睡梦都会变得香甜。

晨起走到院子里，看桂花落了一地。于是轻轻踮起脚尖，怕不小心踩碎了这份柔软。或是走远一点，到巷口看看斑驳的青苔，听听老奶奶闲话家常，在散淡的时光里，忘记归期。

若阳光正好，还可以骑自行车绕着村子走一走。远离了城市喧扰，才发现耳边吹过的风，都是跳动的乐律。若赶上小雨，就索性在院子里看看书、听听雨。无宠无惊，享受难得的静谧时光。

一个人在泥沙俱下的世间行走太久，偶尔会忘记自己最真实的模样。来半山才体悟到，原来真的不用一味追求圆满，也不必过于苛待自己。在这里，我们唯一需要做的，就是闲下来、放宽心，把时间还给时间，把自己还给自己。

Tips

半山·艺民宿位于吴中区临湖镇柳舍村，背靠园博园，与太湖直线距离约300米。村口有免费停车场和帅气靠谱的保安大叔。半山主人是个长发飘逸的四川人，祖籍苏州，喜欢水墨、设计、陶艺，所以房间都是主人自己设计的。按不同主题分三个院子，总共17间房，每晚价格从380到1280元不等，还有可容纳10~25人的会议室。经常会举办一些沙龙、培训、禅修等活动。

最佳旅游季节为春季和秋季，不过，若赶上冬天的小雪和夏天的荷花，也别有一番景致。

Tips

林屋小筑位于吴中西山梅园路10号，是由一栋老房子改建而成的民宿，总共22间客房，有咖啡茶吧、小型会议室、棋牌室。均价每晚600元左右。合伙人都是男性，所以民宿总体呈商务风，大气。房间名字取自西山十景，踏松、梨云、稻浪、明月、晚烟等，美极了。吃饭要提前预订，蔬菜都是店里自己种的，很新鲜。

在晚烟，给少女心一个交代

闺蜜回国前一天，说想看西山的春光，便定了一家民宿。还特意说这是一家少女心满满的民宿。纯良如我，真的背着一只极具“中年少女”特色的阿狸公仔到店了。然后，发现自己被骗了……

在一众“住宿、吃饭”的农家乐中，林屋小筑尤其出众，立在一座牌坊后头，异常显眼。踏进门内，到处都是墨宝字画、古董摆设。厅堂东侧是泡茶用的案几，西侧桌案上则铺着宣纸笔墨。唯有一个小小的旋梯，略显小资。整体简约的中式现代风格，虽不至于“性冷淡”，但跟少女心丝毫不搭界。

“所有的房间名字都跟这一带的景色相关，像林屋、角里之类的。”带着我办理入住的是一个短发干练的“小姐姐”。入住的房间叫晚烟，总算有些少女的意思了。放下宝贝阿狸，打量房间里的陈设，原木的桌椅家具、复古风格的天蓝色绣墩、干湿分离的洗漱台和淋浴间，虽然跟少女心没关系，但从各种小细节都能看得出，设计者是花了心思的。

据说，这座民宿是几个大男人合伙开的，从设计装修再到运营，全是这几人亲力亲为。攀谈间，我突然想起了件尤为重要的事，“贼眉鼠眼”地向“小姐姐”打听：“你们这里，提供什么特别服务吗？”“小姐姐”略带惊恐地看了我一眼。

“比如？”

“餐饮。”

“哦，餐饮啊，那有的。”

没等我高兴起来，又听她冷冷地补充道：“不过我们不接散客，吃饭得提前预订。”

高床软枕，连带着发呆也舒坦。慢慢地，眼睛失了焦距，听觉却越发灵敏，听着门外帮佣阿姨忙忙碌碌的声音，夹杂着家长里短的问候，心下不由得温暖起来，眼皮微沉，便有了睡意。

恍惚间听到闺蜜的声音：“笨蛋，开门！”半梦半醒间趿鞋起身：“笨蛋，终于回来了。”洗去一身风尘，两个“中年少女”，一晌贪欢，在晚烟。

墙上有艘水泥船，这民宿你敢住吗？

每个人都有一个田园梦。

乡根，不是简单的一间民宿，一个茶室，或者支在农田里的几顶帐篷。乡根，是带领城市人寻找乡下生活的根基。

一个普普通通的村落，若干破破烂烂的农房，像中国绝大多数乡村一样，年轻人都进城务工去了，只有空巢老人和留守儿童在村里徘徊。北京来的设计师在村里转了一圈又一圈，田间地头都考察了一遍，最终为这个太湖边的鱼米之乡找到一条回归之路。

天、地、人，三者共生是最放松的。本着这个理念，东林渡踏上了重生之路。

半年之后，七个幽静的民宿院落——乡根·东林渡诞生了。七个院落，都改造自老乡自家房屋。看到餐厅、客房和青年旅社的样子，连乡亲都不敢相信这是自己住了一辈子的老房子。尤其是接待中心，房屋结构没咋变，里面却大不同了。

如今去东林渡，最核心的视觉落点就是斜对着农田的一面白色照壁。照壁不稀奇，很多传统建筑都会建一面照壁来遮挡视线，在风水上讨个好兆头。但纯白色的，线条简洁的，没有任何砖雕的照壁却不多见。从这面“性冷淡”风格的照壁上，就能大概猜出整个民宿的风格，简洁大方，从你的乡村印象中脱颖而出。

照壁背后，便是让乡亲“惊掉下巴”的接待中心，因为设计师在大堂的墙上，塞了一艘水泥船。像汽车在水里当鱼，沙发在天上当秋千一样梦幻，水泥船在乡根的墙上当起了壁炉。每个第一次走进这里的人，都会面对那斜斜的船歪嘴一笑，笑水泥船的逆袭，笑设计师的调皮。这个装饰真的太有创意了。

东林渡是一个原生态渔村，河道内有许多废弃的挂网水泥船。这艘六米长的水泥船被打捞上来，上半部分被改造成了书架，下半部分承担壁炉的功能。在保留村落传统的同时，也增加了实用功能，这种改造有生活、有根基。

水泥船左上角，是“乡根”的符号，从村里捡来的 72 根树枝被拼成一个圆圈，远看毛茸茸的。在有心人手中，没有什么是不能变废为宝的。民宿里还有很多香樟木书架、旧瓦片皂台、老门板打造的桌椅，只要你仔细观察，就会发现很多惊喜。

这可能就是回归乡村的要义，不改变原有的格局，也不增加多余的负担，把原有的材料重新排列组合，加入一点审美、一点情趣而已。田园梦本来就是质朴的。

Tips

乡根·东林渡，位于横泾街道的东林渡村，是民宿建筑改造和家居设计的典范。民宿价格每晚 350~750 元，房间的号码牌运用了“花码”——一种产生于苏州的算筹，也是唯一还在被使用的算筹系统，在旧式茶餐厅及中药房偶尔可见。民宿门前是广阔的稻田，春天有油菜花或其他花草，沿木栈道走到底就是太湖。整体环境很适合全家出游。店家还会不定期开设艺术类和自然类的课程，详见微信号“乡根生活”。

Tips

守溪人文酒店位于东山陆巷古村南入口的守溪街，靠近“独占鳌头”景点，停车十分方便。五幢主题各异的建筑，31 间客房错落分布在道路两旁。酒店配套有食府，菜品以苏式风格为主。周边也有农家乐旅馆可选。

住在才子家，不敢没文化

陆巷古村里现存最大的宅院名为惠和堂，是明代大学士王鏊的故居所在地。宅院里有一大一小两座花园，置身其间，总不免让人联想到王鏊是否也曾在这花园中，和江南四大才子把酒畅谈？胆子大点的或许还会想，自己什么时候也能来一套这样的院子住住？

其实，这个梦想倒也不难实现。从惠和堂向南步行 700 米，能看到一群古色古香、白墙灰瓦的建筑：守溪草堂、桃花坞、枝山小屋、徵明坊、昌谷轩，每一幢建筑的名称都不同。

这五大建筑，实际上是分别以王鏊、唐寅、祝允明、文徵明和徐祯卿为主题进行设计的守溪人文酒店。整个酒店与四周环绕的茶山果树相拥，是一个可以定心凝神、近距离体验吴文化的好去处。

五个主题区域相互独立分布，看上去就像一幢幢中式风格的独栋别墅。只

要推开其中任意一扇门，就能一瞬间穿越回明朝，去你仰慕已久的才子家里做做客。

每一幢楼的入口处，都需要刷卡才能进入，私密性极强。若是团体入住，每个区域公共空间的用处就会凸显出来，品茶对弈、喝酒谈天都是不错的选择。此外，一楼的房间几乎都带有露天小院，小院里植物繁茂，置身其中，让人心旷神怡。

房间设施全部按照五星级酒店标准进行配置，整体呈现出简洁素雅的东方美学风格。床、柜子、书桌、琴案全为木质，灯具、摆件设计精巧，从客厅到卧室，甚至洗手间，都摆放了字画。

酒店配套的餐饮中心是一个依山傍水的湖边食府，无论哪个角落，都可以一边用餐、一边远眺太湖美景。吃饱了，可以去不远处的酒坊打点守溪酒，再回院中举杯邀月，体验一把“酒醒只在花前坐，酒醉还来花下眠”的悠闲生活。

酒足饭饱，有不少地方可供闲逛。从食府向北出发，有一条田园小径直接通往陆巷古村。若白天已经造访过这里，不妨再向南去，步行穿过两座石桥，就到了太湖边上。此时皓月千里，整个湖面泛着青黛色的光。光影婆娑、烟雾盘桓，所有的凡尘杂念，在此皆被抛却。

Tips

甫里泉民宿位于甪直古镇，房间分散在小巷的各处院落里，一晚住宿价格 200~600 元不等。网上预订好之后先去接待中心，然后会有管家阿姨带你到自己的房间。每个院子里都有打理得很好看的小花园，可以露天饮茶、看书、放空，还可以携带宠物。古镇的石板路对行李箱不太友好，有行李箱的旅客推荐住环玉 1 号和 2 号，离古镇的出入口很近。

这巷子，成了我的枕边人

苏州的小巷是饶有风味的，只是旁人看不穿，得睡一觉才知道。这句颇有道理的话前半句是陆文夫先生写的，后半句是我伸了个懒腰，推开垂虹那扇雕花木窗的时候想到的。

垂虹是我住的这间房间的名字，让人联想到雨后的黄昏：石板路被雨水刷得更黑了，院子里的香花氤氲着水汽，白墙灰瓦上挂着一道浅浅的彩虹，像一座桥。角直古镇最不缺的就是桥了，“长桥短桥杨柳，前浦后浦荷花。人看旗出酒市，鸥送船归钓家”，只能隔水相望这样的事情是不会在这里发生的。软软地喊一声，河那边的人便兴冲冲跑来了，水面荡漾着一圈圈涟漪，像你看着他跑来时嘴角的梨涡。

管家阿姨看到我在床边晒太阳，便跟我打招呼：“睡得好吗？”是软绵绵的苏州腔调，让人听着很舒服。我朝她点点头说：“来一碗面就更舒服了。”刚说完肚子就咕咕叫了起来，我胡乱搓了几把脸、抓了抓头发就跑下了楼，走廊上花窗的光影很好看。推开老旧的木门，吱呀的声音被拖得老长，门前的小巷显得很安静，断断续续的吆喝声从不远的地方传过来。没错，我在角直古镇的小巷里睡了一晚，这个被无数人拍成照片、写进文字的小巷，竟成了我静谧夜晚的枕边人。这一晚缠绵的江南梦便要从遇见甫里泉开始说起了。

角直古镇是很早就想来的，逛了一圈，拍了不少照片，肚子也吃得饱饱的，漫无目的地沿着石板路消食，越走越安静，手边是错落有致的民居，偶尔看到几只家犬溜达，心里也不慌。又往前走了几步，发现一户人家的木门敞开着，里面的小院子长满了花草，旁边还放着一张藤条椅子。椅子跟小时候午睡的那把很像，不觉停下脚步多看了几眼。“是住客吗？”一位五十多岁的阿姨站在木门内朝我看，我连忙摇手：“不是，我看这院子挺漂亮的。”阿姨眼睛笑得眯了起来：“我天天打理呢！”“这里是可以住宿的吗？”“对呀，我们是民宿，甫里泉。”就这样，我毫无准备地在这里住了一晚，并且悟得了开篇第一句所说的道理。

果然这才是打开角直古镇的正确方式，打开梦中水乡的正确方式。

在太湖边的酒店里，感觉自己是个世外高人

最近连着几个高温低气压的日子，雨就是不下来，电话铃声倒是接连不断，用苏州人的话来说就是“懊糟煞特哉”。终于挑了一天，跟领导告了假，逃也似的直奔东山宾馆。手机关机，天王老子都别想找着我！

一大早就“杀到”了东山宾馆，办理入住为时尚早，决定先四处逛逛。早就听说东山宾馆很大，东连太湖，西倚群山。此前其实并没什么概念，直到一辆观光车停到了我面前，心中才隐隐升起预感:大约这东山宾馆，是真的很大了。

坐着观光车一路到了太湖廊吧，沿着这里的栈道边走边看。这栈道几乎就是修在太湖边缘的水面之上，抬头远望，眼前就是浩渺的太湖。湖上有风，原本镜子般的湖面就有了些微波万顷的意思。风一吹，人也松了下来，看着栈道下的太湖微波，想着像这样在木板上走，算不算会凌波微步呢。

这家宾馆可以算是一家园林式宾馆，与宾馆毗邻的就是启园。确切来说，启

园并不是东山宾馆的一部分，只是当初建造时为了联结宾馆区域，借了启园的一条道路。

与其说是借道，倒不如说是借景。一路走过启园，两座拱桥横卧清波，四周的太湖石形态各异，真真儿好地方。听说到了秋高气爽的时节，沿路的景色会更好，一碧如洗的天空倒映在湖面上，何等开阔。就在这一瞬间，我感觉自己也像个世外高人。

确实，相较于城区的酒店，这些依托着自然风光建造的酒店更让人放松，推开窗就是苍翠的山色，极尽质朴。不像城区的酒店，晚上拉开窗帘望出去，总觉得自己被困在牢笼里，望着脚下的灯红酒绿、车水马龙，没有生出俯瞰世人的超然，反而有种仓皇之感，更觉孤单。

我订的是一间山景房，主色调是沉稳高级的蓝。可能是白天逛累了，也可能是房间颜色让人安心，这一晚我睡得特别踏实。

Tips

东山宾馆是一座花园式湖滨酒店，风景旖旎，果树遍野，绿荫葱茏。旁边的启园是一座依山而筑，傍水而建的园林，门票 40 元一张，东山宾馆房客打 8.5 折。

地址：吴中区东山镇启园路 46 号

Tips

苏州太湖万丽酒店、**苏州太湖万豪酒店**位于太湖之滨，空气清新怡人，坐拥湖光山色。两家酒店共设八间餐厅，每间餐厅都带点中国特色的设计元素。

五行餐厅酒吧的日式铁板烧需要提前预订，采用套餐制，共有399元、499元、599元三个价位可选。

地址：苏州太湖国家旅游度假区墅里路6号

“五行”缺肉的人都该来补补

太湖边的度假酒店从不会让人失望，比如万豪，比如万丽。

严格来说，万豪和万丽是两座独立的酒店，风格迥异，前者是商务风，后者是度假风，一个用来工作，一个用来“嗨”，两者共用部分公共区域。万豪作为一家商务型酒店，大堂设计十分通透，午后的阳光透进来，在地砖上投下淡淡的晕影，白天就是一副摄人心魄的光景。万丽则不同，越夜越美丽。

入夜，酒吧餐厅开始营业了。听说万丽的五行餐厅酒吧是以五行元素为灵感设计而成的，这绝对是为我量身定做的，因为我“五行”缺肉；听说这里有苏州顶尖的铁板烧料理；听说主厨对铁板烧制作深有研究；听说五分熟牛排肉外表纤维感十足，内里还能保持粉色的似溏心的状态，听说……听说了这么多，我终于坐不住了。

到达万丽酒店的时候正值傍晚，马不停蹄地坐电梯去了五行餐厅酒吧。说是餐厅，其实整体风格更偏酒吧一点，各种装饰线条简洁硬朗。整个餐厅设计确实融入了五行元素，木质肌理的墙壁、火焰造型的吧台、金属的雕塑、水波纹的天花板，土元素则在五行露台得以体现。

下午五点半虽说是饭点，但对于出来享受夜生活的人们来说还是太早了，偌大一个餐厅只有我和饭搭子两个人。反正还不饿，索性去五行露台看风景。五行露台算是五行餐厅酒吧的延伸空间，是个办派对开年会的好地方，各种度假风的椅子让人坐下去就不想动弹。夕阳的余晖尚在天际，渔洋山的景色一览无余，暮春的晚风带着微微的暖，很舒服。不难想象，约上三五好友，在这里远眺夜景，侃天侃地会是何等的轻松与快意。

肚子饿了回到餐厅。吃日式铁板烧一定要坐在吧台，因为除了味觉的享受之外，看牛排的脂肪纹理渐渐变浅，看鳕鱼的皮脂慢慢收缩，再看主厨流畅的动作，也是一种绝妙的体验。伴随着铁板上充满诱惑力的嗞嗞声，把一只烤得紧致蜷缩的大明虾放进嘴里，稍稍用力，牙齿感觉到一丝小小的抗拒，虾肉在齿背弹开，鲜甜的滋味在舌尖蔓延开来。

至此，彻底地迷失在五行餐厅酒吧的铁板烧里。

这些民宿能安放你的好梦

粗衣食吾

整体设计是北欧风格，每个细节都很用心，躺在床上便可一览太湖风光，还有亲子泳池。一定要预订餐食，店家有啥菜就给做啥，都是新鲜的。店员有发掘美好的心灵，到点儿会提醒你看日落。

地址：吴中区西山东村爱国7组下泾126号，近缥缈峰环路

右见留白

房前东山，屋后太湖，隐于木林之中，藏于书香之间。在这一山一水之间，遇到留白，如遇一知己。整个装修风格简单大方，深灰色透露出满满的高级感。临湖镇柳舍村也有一家右见民宿，属于一个系列。

地址：吴中区东山镇雨花路6号东山会29幢，近东山森林公园

花筑巢园

在东山杨湾古村洞庭山坡最高处，登高远眺，湖光山色尽收眼底。清晨被鸟鸣声唤醒，青翠的山林映入眼帘，这是都市人难得的体验。院里还有一对孔雀跟一只鸭子，画面有点萌。工作人员都很热情，会告知东山的一些特产和游玩的地方，还会沏上好的碧螺春待客。

地址：吴中区东山镇杨湾大浜，近杨湾古村

岛隐

岛隐民宿独立于三山岛南部，面朝太湖，四邻不扰，朝闻草香，夕听蝉鸣，风光闲雅。算是岛上最高档的一家民宿。工作人员非常热情，可以要求到码头接人。餐饮是受到一致好评的，据说大厨原是东山宾馆主厨。双味虾、蒸白鱼和葱油面味道都很不错。虽然有点贵，但还是值得的。

地址：吴中区东山镇三山岛小姑山南（小姑村45号），近小姑山

福隐香雪

漫山梅香的香雪海里，有一处远离繁华的隐逸山居。12间山景房，或带庭院，或带泡池，或可赏梅，或可看山，或可观星。周围环境特别好，空气清新、鸟语花香，特别适合休养。淋浴间用的是打磨好的原木，赤脚踩在上面感觉很舒服。管家很贴心，有问题都能积极帮忙解决。

地址：吴中区光福香窑路上官山50-1号，近香雪海景区

筱驻山塘

酒店由一座传统的五进民居改造而成，是一处文保单位，改造花了四年多，修旧如旧的工艺最大限度地对老宅进行了修复与还原。从大门进来是100多平方米的禅茶室，可以约上三五好友品茗谈茶，以文会友。经过禅茶室，进入的第二院落是接待区，整个空间以茶、香布局，一器一物，一花一叶，都很讲究。门外是熙攘的山塘街，门内是自己的小世界。

地址：吴中区木渎古镇山塘街67号，近严家花园

柒

吃要吃得健康，胖要胖得明白

最怕空气突然飘来饭香
最怕朋友突然的关心
问我有没有吃饭
手撕羊肉和『手撕瘦子』
我都想要

螃蟹中的经典款，凭实力“圈粉”

每年从寒露节气开始到立冬为止，是“吃货”最为疯狂的时候。为啥？大闸蟹上市了呗。

苏州最出名的就是两种蟹，太湖蟹和阳澄湖蟹。如今一到秋天，举国都是阳澄湖蟹的天下，而且大多流向外地，连苏州本地人都一蟹难求。

要我说，这吃螃蟹和买包包的道理是一样的，都讲究牌子。从吃蟹这事的历史发展来看，全国红过的蟹可不止阳澄湖一家。唐代初流行吃河北沧州产的胜芳蟹，后来被丹阳大泽地区的花津蟹取代。到了宋元时期，就是太湖蟹的天下！吃到了明清那会儿，白洋淀的胜芳蟹又振兴起来，而晚清民国时嘉兴南湖大蟹又成了新宠。后来上海开埠，富商巨贾云集上海，主供上海市场的阳澄湖大闸蟹就迎来了春天。

在时尚圈，每隔一阵，流行的风向总会变化，但唯一不变的还是潮流涌动之下，经久不衰的经典款。苏州螃蟹的经典款，还得属这太湖蟹。清朝嘉庆年以前，阳澄湖蟹并没有啥大名气，当时苏州地产名蟹首推太湖

蟹。清乾隆《太湖备考》记载："出太湖者，大而色黄，壳坚，胜于他产，冬月益肥美，谓之十月雄。"

说起太湖蟹的优点，那可太多了。首先，个头大，长过半斤的比比皆是。其次，肉质肥美、膏重油多。再次，价格平易近人，一样的价格能吃到更多。所以说，太湖蟹是凭实力"圈粉"。

正所谓"蟹味上桌百味淡，九月团脐十月尖"。吃螃蟹的方法太多了，其中最常见的就是蒸和煮。阳澄湖蟹以蒸为最佳烹调方式，以求保证所有的鲜味精华都能存在蟹里不浪费。相比之下，太湖蟹就没那么矫情，清蒸水煮皆可。据说讲究的，太湖蟹只吃水煮的，因为水煮更能体现其鲜美的本质。

将鲜活的太湖蟹洗刷干净后五花大绑，冷水下锅，烹煮 15 分钟左右即可食用。煮的时候，加点姜酒，去腥提鲜。煮熟的太湖蟹，色泽橙黄，肉质鲜甜，配上点姜、醋食用，好吃到停不下来！太湖人家吃蟹，有吃完后饮姜茶的习惯。除此之外，吃蟹时配上二两加姜丝烫过的花雕，也是个很棒的选择。

Tips

每年金秋吃蟹旺季，太湖边的农家乐或是湖上的蟹庄都是吃地道**太湖蟹**的好去处，可以跟着蟹农入湖捞蟹，然后直接在船上支一口大锅。如果在市区或外地购买，要捏一捏螯，侧面看一看壳，和苏北蟹相比，太湖蟹的螯更硬，壳更厚。放到太阳底下晒一下，太湖蟹的壳还会有湿润的感觉，亮亮的。

等不到秋天的馋猫，不妨买些六月黄尝鲜。跟成熟的螃蟹相比，六月黄较嫩，蒸个十分钟就行，而且公的更好吃。

一个土著的太湖寻鲜攻略

Tips

太湖开捕一般是在每一年的9月到来年的1月，所以，这段时间来苏州，定能有好吃的湖鲜。苏州大大小小的馆子里都有当季的**湖鲜**出售。

对于一个苏州人来说，吃湖鲜不是饮食问题，而是态度问题。事实上，苏州人对于时令产品的吃法是非常讲究的。最讲究的就是头三天，也就是说最早的三天吃一吃，接下来就无关紧要了。

要说湖鲜，“太湖三白”是少不了的。白鱼、白虾和银鱼，这是湖鲜的三大主打产品。

白鱼是我爱吃的一种鱼，因为个大刺少味鲜，还因为这种鱼早先只有野生的。对于一个土生土长的苏州人来说，野生和养殖是一种东西好不好的分界线。在分不清的情况下，自然是首选没有养殖可能的鱼来吃。近几年，白鱼可以养殖了。苏州人逐渐开始讲究吃太湖白鱼。上好的白鱼，当然要清

蒸。大一点的可以切成两半，对于一个很少吃鱼的人来说，我基本上是可以一顿干掉的。同时，暴腌的白鱼我也很喜欢。带一点咸味，蒸出来更鲜美。另外，白鱼的蒜瓣肉在暴腌之后更容易大块入口，很符合我的吃法。

白虾不是河虾，而是太湖里一种白色甚至带点透明的虾，须特长。上好的白虾不要放多余的东西，一点盐，几根葱，一块姜，开水里一滚，就是绝佳的味道。有一次去太湖游玩，路遇渔船，渔民兜售现捕的白虾。放在大海碗里啥都不放，就是用盐煮了煮，一大海碗就在湖中被我吃掉。现在回忆起来，唇齿之间的鲜美依旧记忆犹新。大白虾可以做成虾干，不过那玩意儿太硬了，我不喜欢。有些喝酒的朋友狂爱，弄几只虾干，剥剥啄啄，几大碗酒就下肚了。

产自太湖的银鱼比较小，和东北的大银鱼有些区别。当然，有朋友说太湖里也有大个的，只是小的比较有名。不管是跑蛋还是炖蛋，银鱼似乎总和蛋混在一起。这种化学反应应该是类似于笋干和肉，但凡两者混杂，一下子天雷勾动了地火，那种复杂的鲜美就从鱼和蛋里面直接迸发出来，1+1 绝对大于 2。

三白之外，还有一种梅鲚鱼，这边也有叫烤子鱼的。事实上，应该是洄游的凤尾鱼。太湖的梅鲚鱼有传说是吴王伐越时，倒入湖中的残鱼化成的，属于太湖的特产，味道的鲜美犹在白鱼和银鱼之上。六月产卵期，捕上来的鱼肚子里满是鱼卵，用油炸了，绝对美味。大概是这种吃法的确有点绝种的意思，现在吃到梅鲚鱼的机会少了。偶尔有，也能吃得出是海里的凤尾鱼，很少是湖里的梅鲚鱼。小时候这种鱼是我最爱的零嘴，炸好了放着，一口下去喷香扑鼻，比起日本料理里的多春鱼，似乎更有几分品尝不出的野鲜味。

还有一种鱼，叫作激浪鱼。这种鱼据说出水就死，所以到现在都没法养殖，长长的一条，肉质很嫩。现在来说，到太湖边吃野生鱼，如果能弄到激浪鱼，可以保证是野生的。

除开这些有名有姓的，太湖里还有不少小鱼。有些是野生的鲫鱼，有些干脆也不知道叫什么，这样的杂鱼是适合乱炖的。拉拉杂杂一大盘上来，里面七八条乃至十多条各式各样大大小小的鱼，都是网中的残留品，这种原本是渔民随意烹食的做法，却带来非同寻常的鲜美。

除开鱼类，湖鲜还有两个另类。

第一种就是螺蛳。清明前是吃螺蛳的好时节。讲究的苏州人认为，清明时螺蛳产子，所以肚子里有很多小螺蛳，不好吃；到了清明后，螺蛳产完子了，肥美程度大大下降，又不值得一吃了。所以，清明前那短短的一段时间，是吃螺蛳的最佳时刻。我个人对于螺蛳很怕烦，所以更喜欢吃螺头。就是将螺蛳肉弄出来之后，和韭菜一起炒。不过有行家认为，吃螺蛳的快乐就在于那一嘬一吸之间，对于我这种偷懒的做法是大加批判的。

第二种是蚌肉。不管是蚌肉炒草头，还是蚌肉炖肉，只要一上桌，我总是能多下一碗饭的。只是这个东西不太好做，因为太容易老了。一旦煮过头，就跟吃橡皮筋一样。多数情况下，水产摊头上总是有蚌肉可以买。我最爱的是中间带黄的那一块吸饱了汤汁的肉，比蟹黄更好吃。

和螺蛳一样，蚌也是有些亲戚的。大一些的蛤蜊适合炖蛋炖汤，弄干净绝对是鲜到打耳光也不放的。小一些的蚬子，更适合和韭菜一起炒。最佳的做法是螺头蚬子炒韭菜，这是专属于春天尾巴的江南美食。鲜甜中带着氤氲的水汽，一口下去，水墨烟雨的江南就在你的舌尖跳动。

这里的八仙不过海，为上餐桌各显神通

这里说的八仙，不是那帮秀技能过海的道教神仙，而是在江浙出道、堪称水生物圈流量担当的明星组合。这八仙的“艺名”分别是莲藕、茭白、荸荠、慈姑、水芹、鸡头米、菱、莼菜。

既然是餐桌当红组合，每次集体亮相都不免进行C位（中心位）之争。其中，曝光度最高的还属莲藕小队长。“红藕香残玉簟秋”“兴尽晚回舟，误入藕花深处”，有诗词歌赋加持，其影响力从古传至今，延绵不绝。

如果从话题度上解读，如今还数鸡头米自带热搜属性。她本名芡实，因果实状如鸡头得名鸡头米。为了营造良好的舆论环境，诗人们也出了不少力，最出名的就是那句：“最是江南秋八月，鸡头米赛蚌珠圆。”

跟珍珠争花魁？未免落下妖艳货色的口舌，鸡头米机智地选了另一条路：低调奢华。

说它奢华，那是因为价格摆在那呢，百来块一斤的身价在菜场绝对金贵；说它低调也是摸着良心，烹饪起来不娇气也不麻烦，水烧开后放入，烧个两三分钟便可以关火，再加入糖、桂花就算大功告成，完全可以打上“新手速成”的话题。至于清炒、煲汤、煮粥，已经算是升级版的做法了。

自然，想要炫技也有办法。甪直镇有一个八仙的人间行宫——苏州水八仙生态文化园，那里就有一家台湾面包坊推出了鸡头米面包。说来原料也朴素得很，面粉、水、酵母、盐、糖、鸡蛋就够了，面包主要考验的是烘焙者的耐心。自制老面和新面团混合，加入鸡头米后进行第一次发酵，1个小时后分团并醒发，包酥皮后进行第二次发酵，1个小时后再拿出，划一刀后放入烤箱烘烤，18分钟后就可以出炉了。烤好可要趁热吃哦，凉了以后会硬到让人怀疑谁把鸡头米偷换成珍珠了。

Tips

苏州**水八仙**生态文化园规划了3500亩的水域种植面积，再加上各种配套的生态休闲景区，那是相当大，春来踏青夏采莲，秋可望远冬围炉。为了让我等凡人虔诚而来，饱腹而归，八仙们是赶着趟儿出场，所谓“春季荸荠夏时藕，秋末慈姑冬芹菜，三到十月茭白鲜，水生四季有蔬菜”，只要你来，必不会饿着回去。烧饭的方式也很别致，租灶台230元，[illegible]，100元[illegible]。吃饱了可以去和孔雀争奇斗艳——这里有苏州最大的孔雀繁育基地。

地址：吴中区甪直镇澄湖西北岸车坊版块

开放时间：8：00~17：00

门票：40元/人

一条运河，一桌江南雅宴

都说江南水乡，水美人美味儿更美。每每有朋友来苏州游玩，总要我带着去品尝本地特色美食。一次两次还好，时间长了，他们也逐渐被苏帮菜养刁了嘴："这次能不能换点花头啊？那天看《舌尖上的中国》里苏州的文人雅宴，馋死我了。要不你也整个什么特别的苏州宴呢？"既然如此，不拿出撒手锏是镇不住这帮刁嘴"吃货"了，上江南运河宴！

众所周知，江南运河连接长江和钱塘江两大水系。北起镇江，绕太湖东岸到达苏州，南至杭州。公元前495年，吴王夫差开挖苏州经无锡至常州奔牛的人工河道，此为江南运河的雏形；公元前486年，夫差又在扬州开挖邗沟；610年，隋炀帝疏凿和拓宽长江以南运河古道，自此江南运河始称于世。2014年6月，中国大运河列入世界文化遗产名录，而其中江南运河苏州——嘉兴——杭州段可算是最繁忙、最具活力的河段了。正因如此，咱苏州运河沿岸自古也是商贾云集、五谷丰登。

所谓运河宴，使用的便是苏州运河流

域的食材，以江南运河为主题，以运河美景、人文习俗、美食思想为根基，以地方特色食材与苏帮菜烹饪技巧为依托研制的创意宴席。江南运河宴中的菜品，均以太湖水鲜、两岸禽类、蔬果为食材制作而成。而且根据四季变化，调整菜谱。比如春季荠菜香溜土步鱼（塘鳢鱼）、春来时令腌笃鲜；夏季的藕并蒂莲、文火清汤三套鸭；秋季的桂花藕粉鸡头米、姑苏芙蓉炒蟹粉；冬季的荷香白切草湖羊、母油香焖鲜冬笋等。

四套菜单中，有一道母油鸭汤面最得我心。母油鸭是由船菜演变而来。母油是一种酱油，可以说是酱油中的极品，醇厚鲜美。此菜选用肥壮的太湖绵鸭，加母油焐煨而成，汤醇不浊，鸭肉肥而不腻，酥烂脱骨而不失其形。炖得到位时，锅中油层覆满汤面，看似不热，实则烫嘴，相当考验大厨的火候功夫。运河宴中的母油鸡汤面，取母油鸭汤下面，以传统美食为引，又颇具创新，味道妙不可言。

尝过这运河宴，“吃货”们各个心服口服：“这运河真是个宝，上面有船，下面有鱼。人在船上游，鱼是盘中餐。”“那可不，咱苏帮美食讲究不时不食，都是品着季节过日子，下回换个季节再来吃，包你又是另一副运河花样。”

Tips

在吴中想品尝**运河宴**，推荐澹台湖大酒店。这儿的江南运河宴分春夏秋冬四个版本，每个季节会根据时令不同而调整所选食材，让每位食客都能品尝到当季运河沿岸的好味道。在品尝运河宴的同时，还有机会观赏到运河风景。一桌 3288 元。

地址：太湖东路 299 号

清淡羊肉，浓情回忆

苏州人很爱吃羊。

城里，无疑是藏书羊肉的天下。天气一凉，满大街的藏书羊肉店。店面不会太讲究，也没啥装饰，一只炉子，上面架一口铁锅，锅上再安一只木桶。羊汤一咕嘟，就开门营业了。

藏书羊肉走的是白汤白肉的路线，吃的是原汁原味。很多人嫌弃羊肉的膻味，藏书羊肉就胜在毫无这个味。人家也不放各种各样的香料，就是白煮。秘诀是煮羊肉的时候开着盖，让膻味自然散发，煮得久了，也就把膻味都煮出去了。

藏书羊肉好吃的另一个关键，在于活杀现煮。证据就是我去藏书一带吃到的羊肉，总比城区店里吃到的要好。根据一位行家的说法，城区的店大多数都是用冰鲜羊肉的，毕竟客人多无法及时备货，所以口味肯定不如乡下活杀的羊好吃。而大木桶都是差不多的，煮羊肉没啥技术含量。

苏州人用的羊是山羊，并不全是苏州特产。为了吃羊，藏书人去苏北、河南甚至内蒙古收羊，回来再宰杀。东山人吃的则是湖羊，吴中是湖羊的基地，天下的好湖羊几乎都在太湖边。

东山怎么吃羊肉呢？白切——不带汤，就是肉。白煮的羊肉鲜嫩异常，弄点辣椒油，味道美上天。我去看过一个老字号的做法，很奇特的焖煮方式，羊肉上面还要压上巨大的砖块，为的就是把羊肉焖酥。做好的白切羊肉放在荷叶包里，现切，用荷叶一包，扎上稻草绳子，带走。目前来说，这种羊肉只有在东山才吃得到，因为这个羊肉是有时鲜属性的，隔天就不好吃了，所以一定要吃新鲜。

最开始，二十世纪二三十年代，吴中的农民只是在冬季农闲时，挑着担子到城里卖羊肉。几十年过去了，吃羊肉的人越来越多，做羊肉生意的也越来越多。大部分人可能分不出湖羊肉还是山羊肉，现杀的还是冷藏的，图的就是三九天里，那一口冒着热气的羊汤，从头暖到脚。

Tips

藏书羊肉，一般约 90~95 元 / 斤，现切现称。一碗羊肉面 15~20 元，这个价格一直在涨。木渎的藏书镇上有一条街专门吃羊肉，再来点羊肝羊糕羊蹄，味道真是绝了。通常，羊肉店秋冬迎客，来年三四月份歇业，不过现在也有全年营业的。推荐一个老字号——老庆泰，旗舰店在穹窿路 85 号，口味地道。此外还有升美斋羊肉馆、三泰羊肉馆、三星羊肉馆、东方羊肉馆等，供“吃货”选择。

横泾烧酒好，能饮一杯无

横泾烧酒，本土佳酿。

历史上，苏州环石湖地区是酿酒业的集中地区，乾隆《吴县志》中就有记载："新郭、横塘、李墅诸村，比户造酿烧糟为业，横金（今作横泾）、下保、水东人并为酿工，远近皆用之。"晚清时期，新郭、横塘、蠡市（今作蠡墅）诸乡，比户造酒，而其酿酒人，多自横泾而来，故有横泾烧酒之说。

清代柳商贤《横金志》载："烧酒以出于横金者为贵。"直至民国时期，横泾的酿酒业依旧兴盛，到了近乎家家酿酒的程度。横泾还曾有一座宋元丰二年建造的酒仙庙，里头供奉着杜康、仪狄，乃酿酒业奉祀，香火甚旺。

但是这名誉江南的横泾烧酒在近年却到了一度绝迹的地步。现如今，整个横泾地区只剩下一户人家还在少量地酿酒，若不是这家人爱酒，自己依旧酿点儿喝，这横泾烧酒怕是再也找不到了。

说起来，横泾烧酒的制法并不算复杂。早年间，横泾烧酒酿造是严格选用本地产的优质大米为原料的，如今因为本地米产量稀少，于是改用外面购进的米麦。大米经浸泡、蒸煮后，加入老牌王德泰酒药和纯净太湖水，室温 20℃保温发酵一个月。一月之后，开封进行压榨、蒸馏等工序，随后即得清澈酒液。

上好的横泾烧酒酒清如水，浓香四溢，辛而不霸，入喉感觉直线贯胸，颇受百姓喜爱。都说酒越陈越香，酿酒之人也定会存些陈酿。可在横泾，陈酿八成只能碰运气在老乡家里找了，酿酒人家是绝不会有老酒的。为什么？这批新酒还没出来，上一批就给那帮老酒鬼抢

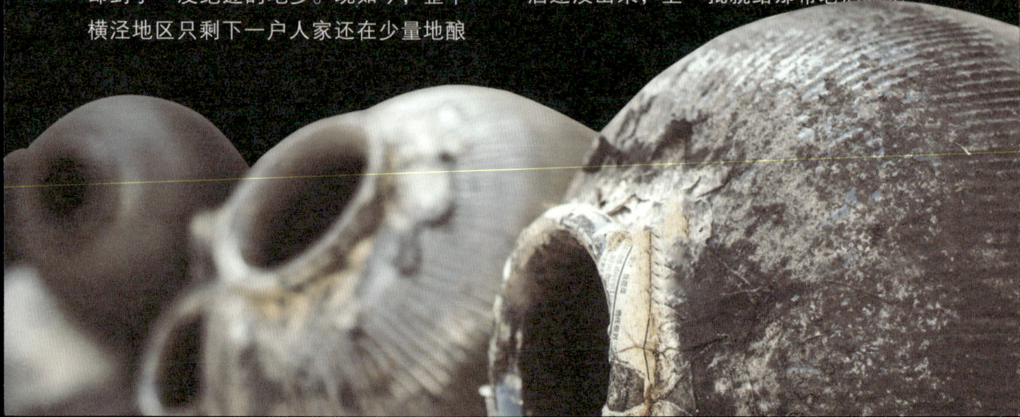

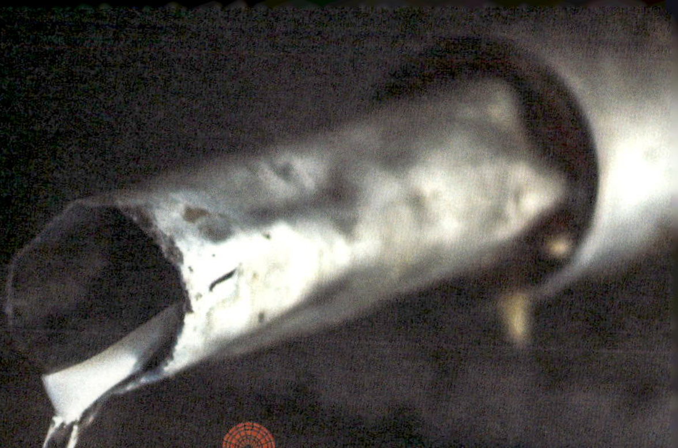

光了呗。

酿酒是个辛苦活，整套酿造工序全部纯手工精制，拌米、发酵都费力耗时，夏天蒸馏酿酒更是湿热难熬，技艺高超的酿酒师傅，200斤米也只能出五六十斤白酒而已。年轻人吃不得这份苦，老一辈又舍不得用机械化替代这祖祖辈辈传下的手艺，于是这纯手工酿造的好酒就越来越少。

酒之于每个人的意义，天差地别。有的人，嗜酒如命；有的人，避之不及。对于横泾人而言，这一缸缸乡野佳酿，过去是维持生计的支柱，荣极一时；而如今，酒业荣光不再，这横泾烧酒，也就只得是周边乡邻好友餐桌舌尖那一抹忘不掉的嗜好吧。

Tips

正宗本地酿制的**横泾烧酒**，在横泾镇上已经很难找到了。镇上还有一户农家在坚持酿制，规模不大，所以产量很小。想要买到一瓶横泾烧酒，靠地图可找不到！首先你要有一双勤快的脚，满大街各色酒铺溜达到处找；其次你要有一张能言善辩的嘴，四处找当地人打听。至于能不能说服本地人带你去买酒，那可就全凭运气啦，毕竟这好酒卖一瓶少一瓶，被你喝完了，他们喝西北风去啊？

小朋友擦屁股的『痱子粉』，
真的很好吃

松花团子是横泾地区的特产。清明过后，吴中几座山上的松树就争相开花了，这时候便是松花粉收获的时节。

吴中的横泾、东山、木渎等地历来有吃松花团的习俗。清明过后，农家人都会上山收集松花粉，虽说没多大难度，但却是个费时费劲的活。有经验的老农清明之后会时不时关注松花的动向，“梅花开起来了，这松花就差不多了”。松花一年只开一季，过了这时节松花粉可就没了。

新鲜采回的松花去除杂质后要置于阳光下摊晒，大约一周后用筛子筛下花粉；如果有没能筛出来的松花，就需要再晒一周，如此往复。一般收来百斤松花，也就只能出个一斤上下的松花粉。这新鲜的松花粉，清香四溢，摸上去还凉凉的。因此，除了用来制作松花团，很多当地人家也会用它给孩子当擦屁股的痱子粉，据说有奇效！

一只完美的松花团子，制作起来可是相当考究的，这整套过程堪比少林绝学铁砂掌。技术要领第一位就是不怕烫！选上好的水磨糯米粉和面蒸熟，这时候必须趁着刚出锅的滚烫劲儿反复揉打。只有经过锤炼的面团才能变得水滑软糯，倘若误了时机，成品的口感将大打折扣。

除了不怕烫，另一个要领是手要快！包松花团子讲究一气呵成，揉打完成的时间全凭老师傅的手感把控，随后要趁热迅速取小团摊平，裹上炒制好的芝麻白糖馅，包成团状。将包好的团子放到松花粉盘里，洒上松花粉，再用刷子拂去多余的粉末，一个可爱的松花团子就做好了。一位技术娴熟的老师傅，从和面到制出成品，一小时能包超过100个。在那滚烫的缸里搅动面团，还能保持这般稳定的产出，可不是一般人能做得来的。

不少知名的糕点都讲究现做现吃，但吃这松花团子可万不能心急，一定要等团子放凉了再吃。团子的热力在散去的同时，会将包裹在其中的芝麻白糖馅慢慢融化成糖稀。这个过程非常奇妙。早一会，砂糖并未完全融化，咬下去口感带沙；晚一点，融化的砂糖又会重新凝结，再无那种吃灌汤包的口感。只有在糖馅儿完美融化成浆状的时候品尝才是最佳时机！这也是为什么包团子手法一定要快的原因，否则团子凉了这糖就化不开了。

团子刚送到口边，松花的香气就会在鼻腔里蔓延开来；吃的时候得像吃小

笼汤包一般，小口咬开软糯香滑的糯米皮儿，嘬一口糖水，再大口咬着吃。松花粉本身味道不重，有股淡淡的药材味和松木香，与芝麻糖的香气相互映衬，清甜不腻口，绝对是清明至立夏时节清口去瘟的利器。所以这么说来，给小朋友擦屁股的“痱子粉”，还真蛮好吃的。

Tips

松花团本是横泾农家在立夏时节必吃的特色小点心，如今越发受到了都市白领的追捧。横泾东市街有家晓华糕团店做得那是相当正宗。一般清明前就会有第一波松花团子开售，2 元一枚。由于松花的市价并不便宜，而且制作起来比较费事耗工，松花团的产量相较青团之类，是少得可怜。想尝鲜的朋友请赶早，店里每天卖完就不再做了。

吃完这道菜，一肚子内涵

故事的开头由西晋一位苏州才子张翰说起。1700多年前，张翰写下《思吴江歌》：“秋风起兮佳景时，吴江水兮鲈鱼肥。三千里兮家未归，恨难禁兮仰天悲。”不仅把自己成功打造成一名千古流芳的“吃货”，也诞生了成语“莼鲈之思”，捧红了莼菜羹和鲈鱼脍两道菜。

莼菜，生长在太湖里。太湖水浅，每当风吹过湖面，水下一片片的会像小穿条鱼儿一样游动起来，它们排列整齐，仔细一看才能发现原来是莼菜。莼菜可以吃的是它的嫩芽部分，长得有点像茶叶尖。莼菜不仅可炒可煮着吃，而且营养价值颇高。太湖莼菜汤是比较出名的一道菜，看着像茶叶汤一样碧绿，但味道和口感完全不同——清香爽口，润滑不腻，鲜味独特。莼菜在太湖里是很普通的东西，不过，除了用来做菜，它也是苏州的一种文化。

莼鲈之思这个故事被录入《晋书·张翰传》里。到了唐朝，一些大诗人，像李白、白居易、皮日休等都以莼鲈之思表思乡之意，莼菜就已经不是一道菜的事情了，而成了一种文化的代表。

那么，莼鲈之思是菜好吃还是人聪慧？故事重回1700多年前，彼时正值齐王司马冏执政时期，张翰被征召于洛阳，任大司马东曹掾，可谓春风得意。但张翰却看透时局，预测到了齐王必败的结局，为避免大祸临头，说了一番想念故乡吴郡的莼菜羹、鲈鱼脍的话便回了家。不久，齐王司马冏兵败，张翰却在太湖边吃莼菜烧鲈鱼，不得不说也许这就是苏州人的智慧。

古人最重名节，当时也有人质疑他：“你只追求一时的享乐，考虑过身后的名声没？”张翰却毅然回答：“要我考虑身后的名声，还不如手边的一杯酒呢。”也许是身处那个时代郁郁不得志的无奈，这也许就如同他自己所说：“人生贵得适意尔，安能羁宦千里以要名爵！”这个适意便是他人生价值的取向，大体也与苏州人的性格一致。

Tips

莼菜的采摘期是[illegible]月下旬至10月下旬。采摘期间，在太湖周边的农家餐馆大都可以吃到莼菜羹、莼菜银鱼羹、肉丸莼菜汤等。莼菜具有清热、利水消肿、解毒的功效，对健康有益。

外婆带我走近科学，服气！

看完《舌尖上的中国》第二季，我指着屏幕理直气壮地告诉北方的小伙伴："看到没有，乌米饭就是乌米饭，不是紫米也不是黑米！"这些年，随着乌米饭"抛头露面"的次数不断增加，大家总算还乌米饭以"乌名"。

乌米饭是糯米经过乌饭树叶汁液浸泡后染的色。这乌饭树有很好听的名字，叫染菽，也叫南烛。但关于吃的，大家一向是怎么好记怎么来，所以这两个名字普及率目前还很低。

相传，道家吃乌米以求长生。总觉得这事是道家一厢情愿。虽然《本草纲目》中也有关于乌饭的记载："久服，轻身明目，黑发驻颜"。用现代人的说法，乌饭树叶中花青素含量高，而花青素的抗氧化能力又被吹捧得厉害，大家自然是信的。古代路途遥远，能经常吃到乌米饭的地方必定有乌饭树在侧，而乌饭树生长的地方也必是山野之间，空气新鲜，久居极佳，自然延年益寿。这才是走进科学的节奏。

每年农历四月初八，木渎、藏书一带的人们就会制作乌米饭，如果你有缘在当天光临，便可看到家家皆烹、户户皆食乌米饭的景象。四月初八也是佛诞日，乌米饭也被叫作阿弥饭。

外婆会做乌米饭。采回来的乌饭树叶清洗捣碎后加入清水，过滤掉杂质，乌饭汁就好了，同时外婆的手也被染黑了。将糯米浸泡在乌饭汁中两到三个钟头，糯米就变了色，显青。蒸煮过程中，乌米饭已经开始散发阵阵清香，那是乌叶与谷物所混合出的特殊香气。蒸完后的乌米饭呈黑色，趁热拌上一勺猪油、撒上一把白砂糖，米粒之间立马活泛起来，拌匀后乌黑发亮的一碗，软糯香甜。凉了之后的乌米饭不仅粘筷子，口感也会大打折扣，所以乌米饭一定要趁热吃。

乌米饭和粽子一样，分甜口咸口，把鲜肉、咸肉放入一起蒸，又是一番滋味。

外婆不识字，但她会刺绣，会种时令蔬果，懂得如何给小猪治病，懂四时物候，是勤劳而富于智慧的劳动人民。在我的童年岁月里，物质还相对匮乏，她做的乌米饭、种的夜来香是记忆中的美好。

吃完这一碗饭，夏天就到了。据说，吃了乌米饭还可以防蚊虫叮咬，不信你吃吃看呢。

Tips

很多景区内都能吃到现蒸的**乌米饭**，比如木渎古镇的吴珍堂小吃店。每年农历四月初八，到穹窿山宁邦寺吃乌米饭，也成了香客的一大潮流，据说穹窿山的乌米饭用山泉水蒸的，味道更佳。此外，吴中地区还研制出了乌米饭的干制品——真空包装的乌米，便于携带储存，可以长期食用。

小吃不顶饱，太好吃也受不了

小吃是一种神奇的存在，进得了包厢，上得了圆桌，走得了街巷，耐得住寂寞。不以身价来衡量价值，不以颜值来贩卖味道。从管饱的到解渴的，吴中小吃，你值得拥有。

光福馒头

你没看错，我们就是要在这么洋气的书里推荐这么接地气的大馒头。这家店叫葦蚌馒头店，在光福老街十字路口向南20米左右，从店招到环境都是"苍蝇小馆"的标配，但人家的馒头就是好吃，生意就是好，尤其是鲜肉馒头。藏书有家分店。

东山大方糕

东山陆巷古村的解元牌坊下，有一家白玉方糕店，一对老夫妻，做了五十年，还上了央视的美食节目，很励志吧。每天早上六七点开门，下午两三点打烊，来晚了就没得吃，很有个性吧。因为老人家要自己磨粉、和馅，准备第二天做糕的材料，而且原料用的都是好东西，很有良心吧。

枣泥麻饼

在木渎，逛到严家花园边，一定要放慢脚步，让鼻子决定前进的方向。如果鼻子带你找到了乾生元，就该让嘴巴上场了，因为这里的枣泥麻饼让人寸步难行。相传乾隆皇帝曾将枣泥麻饼列为宫廷御膳点心。1881年吴县商人蒋富堂将麻饼店店名改作“乾生元”，从此乾生元枣泥麻饼闻名四方。

甪直萝卜干

甪直萝卜干是典型的粗菜细做，虽然只是酱菜，但用料讲究，工艺复杂。萝卜都是8-12寸长，必须是长江边沙土里种植的，形状好，吃起来没渣没丝，嚼得烂不塞牙。在制作过程中，要用石块重压挤去萝卜的苦水，100斤新萝卜，成品只能出18斤左右。在甪直，一年四季都能买到萝卜干，不过六月之后的最佳，这是当年新开缸的传统甪直萝卜干，又甜又脆。

木渎米酒

木渎香溪岸商业街拐角处，有一家“来碗米酒”。纯酿米酒，奶白色，喝到见底，会看到几颗碎米粒。店内装修和器皿都是古色古香的，一进店门，就感觉自己是行走江湖的。酒量好的选高度酒，配上牛肉，喝完可以去打虎；酒量差的选0.5度的，几乎尝不到酒精味，喝完可以去撸猫。

五彩团子

五彩团子是光福渔港村船娘们的拿手面食。船娘最初做五彩团子是为了犒劳在外打鱼的家人，后来这玩意逐渐变成了冬至的必备美食。馅料都是平常的肉啊，萝卜丝啊，豆沙啊。主要是面的颜色很讨喜，紫色是加了紫山芋，绿色是加青菜，黄色是加南瓜，粉色是加苋菜，白色啥也不加。渔港村原湖中村有家专做五彩团子的店，地方不太好找，天冷才会做，去之前还是问问老板，电话是15150400183。

湖山尽在六碗面

早上一碗头汤面，晚上一碗安神面。对吴中人来说，面是充饥的食物，面是家乡的味道，面更是日复一日的日常生活。这里推荐六碗面，两碗在山上，四碗在湖边。话说，只可人等面，不可面等人。个个等面人，不吃等人面。各位看完攻略就去寻面吧，小心去晚了连汤都喝不上。

花山菩萨面

很多人爬花山就为这一碗面，毕竟是皇上夸赞过的："菩萨面真乃天下第一美味！"菩萨面的汤头选用豆芽、竹笋、蘑菇等多种全素的食材熬制，汤色清澈，清淡鲜香。浇头一般选取当季十种素菜，用花山秘制笋油现场炒制。花山脚下的面室叫素养山房，还有一间素面馆在山间，爬累了可以在此停歇。供应时间10:00~15:00。

灵岩山寺双菇素面

老苏州都知道一句有关木渎的谚语："灵岩一碗面，天平一口汤"，说明灵岩山的一碗素面是许多苏州人儿时的回忆。这里只有三种面，双菇面、香菇面和什锦面。山上有自己的面条加工作坊，面都是店家自己压制的，比一般的面条粗、厚、有韧劲。面汤上面漂着一层黄黄的油，但是吃起来不腻。

澹香母油鸭汤面

吃面要吃汤，听戏要听腔。澹香母油鸭汤面的汤选用的是鸭的卤，过程中添加的香油是母油，母油为三伏天酿造的头道酱油，具有特殊的酱香味。汤是采用传统苏式面吊汤工艺制作而成的，吊汤的主要原料是鸡肉、猪肉及骨头、鳝骨、鱼鳞，加水煮透，然后吊出清汤。最后将原汤和熬制鸭肉时的汤并在一起，就制作成澹香母油鸭汤面的特制汤。浇头是扁尖和茶树菇。这碗面要到澹台湖大酒店吃，最正宗。

鳝丝面

临湖镇浦镇街141号（第二中心小学旁）的西湖面馆，做的鳝丝面特别好吃。早晨五点钟开门，基本到下午一点半面就卖完了。面是老板娘手工压制的，有点类似于小宽面，很有筋道。招牌是鳝丝拌面、炒肉丝汤面、小肠面三种。小肠要前一天下午处理干净，卤上大半天，第二天一早就做成浇头开卖。鳝丝面的鳝丝浇头是现爆的，吃起来带有一点烟火气。

太湖十八浇

苏州人讲究吃头汤面，太湖边偏偏有家深夜面馆。傍晚五点开始营业，一直到后半夜。面馆紧邻渔船避风港，以前渔民一天忙碌完，回岸上就到这里吃一碗大补的汤面。实际上，浇头不止十八种，常规的有大排、焖肉、爆鱼等，特别的有虾仁炒蛋、银鱼干，五六月还会有虾子正饱的太湖白虾做浇头，鲜得眉毛掉一地。

苏式笋油面

越溪街道旺山村环秀晓筑这碗面的精华在笋油。去过旺山的都知道，那边竹林成片。春季从竹林里采摘回最新鲜的春笋，切成条块状，经五小时熬制，熬出金黄的笋油，供半年所需。有了笋油，还有一个撒手锏，就是要在吃面前滴几滴虾子酱油。虾子酱油拌匀后，再倒入一碟笋油，那叫一个鲜。

捌

岁时寄，一筐心事

枇杷蹲枇杷蹲
枇杷蹲完杨梅蹲
杨梅蹲杨梅蹲
杨梅蹲完葡萄蹲
葡萄蹲葡萄蹲
葡萄蹲完橘子蹲
橘子不肯蹲
被人剥了皮
哇 好甜

枇杷的使命

二十四节气里，我最喜欢小满——夏天的第二个节气，许多作物的籽粒开始饱满，但还未成熟，是最有生机的时候，万物小得盈满。

不过，有一样东西是个例外，小满来时它已瓜熟蒂落，成了我的桌上客。

它就是枇杷。

每年 5 月 20 日前后，枇杷开始采摘。相较于杨梅树，枇杷树矮很多，所以摘枇杷是个全民参与的活动。每年一到这个时候，去东山、西山的路便会迎来“全年第一堵”，平时 15 分钟就能通过的太湖大桥，赶上周末都要花一个半小时左右。有一次我们几个同事结伴去采摘，结果路上全是采枇杷大军，堵了四个多小时，我们盼吃枇杷的情绪也被活活延长了四个多小时，而这种情绪在延时中又被进一步发酵。当到达目的地，看到树上一个个圆溜溜、黄灿灿的枇杷时，我们频频吞咽口水的动作完美诠释了什么叫饥渴。

其实早先我对既要剥皮又要吐核的水果是有偏见的。比如芒果，削皮之后还要剜掉那么大一个核，太费事了。枇杷也是，说起来还没芒果“懂事”呢，连剥三五个，手就容易被果汁黏住，迫不及待把整个果实塞进嘴巴，舌头抿出果肉，还要吐出四个核，实在是麻烦。

如果有人给处理好，去皮去核，摆我面前，就好了。

这样的人当然还没出现，枇杷也还没进化到知我心意。所以为了吃，我只能年年拜倒在枇杷树下。真是个磨人的小东西。

东西山的枇杷为啥好吃？这是个历史问题。元末明初时，就有诗人写下“细雨茸茸湿楝花，南风树树熟枇杷”的诗句。明代，人们已认为“枇杷出洞庭者大”。这个大，不是果子的个头大，而是种植规模大，已经形成了产业。果农通过不断嫁接、改良，培育出如今枇杷的口感，甜而不腻，

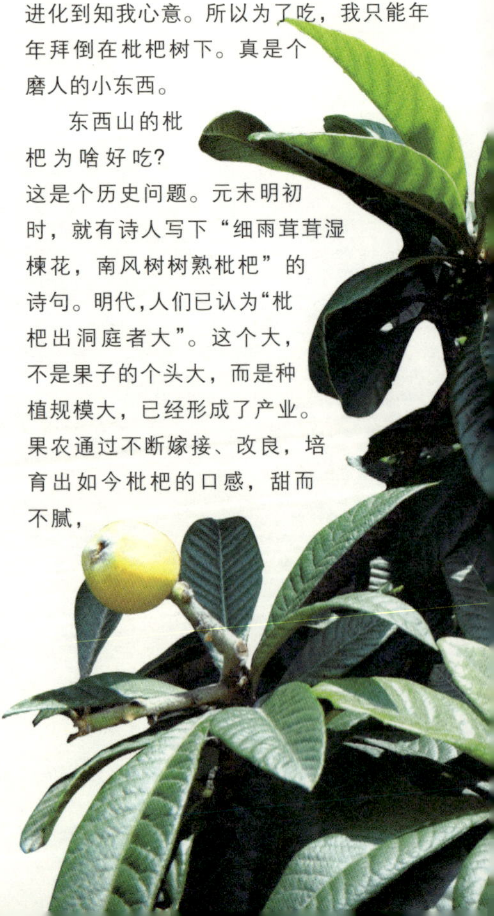

肉质爽滑。

枇杷除了自身味道过硬以外，还身兼了“领路人”的使命。小满过后的一个月，枇杷落市，杨梅成熟。杨梅之后，西瓜、水蜜桃、翠冠梨等纷纷登场，整个暑假都是甜蜜蜜的。所以说，枇杷开启了夏季时令水果的狂欢盛宴，厥功至伟。

Tips

吴中地产**枇杷**如今主要为白沙枇杷，细分白沙枇杷还有照种、白玉、冠玉、青种等二十多个品种。白沙枇杷皮色淡黄或鹅黄，甚至略微发青。西山主打青种枇杷，青种很好辨认，就是果蒂处泛着青绿色，味道酸甜。外地朋友可以网购，现在很多果农会给每个枇杷套上网兜，方便保存，冷藏一周没问题。

杨梅小姐，你怎么这么作

Tips

东山、西山的**杨梅**每年6月中旬上市，尝鲜时间不超过三周，价格在一斤25元左右，可自驾前往采摘。东山北望村的杨梅最有名，那里山坳很深，百年老树一棵接一棵。加上日照足，不仅成熟期早，口感也佳。

看到杨梅两个字，不自觉口舌生津。一到夏天，“吃货“们的目光就聚集在了东山、西山，盼来了枇杷，就开始坐等滴溜滚圆的杨梅上市。

从生长环境来说，杨梅占尽优势。在江南烟雨的浸润之下，本就是水灵灵的主，有了隔壁枇杷树的陪伴，更是楚楚动人。水果界如果说西柚、水蜜桃是少女，榴莲、牛油果是大叔，橙子、苹果是知性女青年，那杨梅大概就是又作又娇的小娘儿。

从树上摘的时候动作要轻，一不小心，果肉肉蕾上的汁水就破壁而出。要是你穿了白衣服，溅上了八成是没法子洗干净的。摘下后放入竹编的小藤筐中整齐码好，最上面还要铺上一层杨梅树叶。杨梅小姐不能沾水不能暴晒，否则口感就会大打折扣。

明代王鏊在《姑苏志》中称：“杨梅为吴中名品，味不减闽中荔枝”。巧得很，明朝时任文渊阁大学士的徐阶也在诗中写道：“若使太真知此味，荔枝焉得到长安”。以杨梅小姐的脾气，应该不愿意跟荔枝分个高下，更不愿靠傍上杨玉环来抬高身价。

如果你吃到的杨梅个头大小不一，入口微涩，滋味寡淡，那不好意思，你买到“赝品”啦！正宗吴中杨梅个头均匀，汁水饱满，成熟后颜色乌紫。买回家后用盐水浸泡、静置片刻，洗净装入白瓷小碗中，一口一个，舌头一卷就能轻松完成果核分离的动作。入口先是喷薄而出的甜，囫囵吞枣嚼两下后又有酸的滋味，口腔里汁水四溅，没等咽下不自觉又摸下一颗，全然不顾奶奶在旁边劝：“慢点吃，当心呛。”往往后果是第二天牙软到吃豆腐都费劲。

每年吃杨梅也就那么一小段时间，苏州人喜欢买上几斤回家泡酒，酒以高粱酒为佳。家里有人肚子痛，舀一颗在碗里，连核带酒吞下，不一会儿就好了。也不排除有贪酒的老爸没事就去倒一杯喝，瓶中的水位线急剧下降。吴中地区很多酒坊有杨梅酒卖，价格在一斤 25 元左右，色泽和黄酒相似，实际上是白酒。

相传，白杨梅的出现是由于沾上美人西施的眼泪褪了色。怎么听，这传说也不动人，不过作为杨梅中的稀缺品种，白杨梅曾是献给慈禧的贡品倒是真的。瞧瞧，一位杨梅小姐，扯上了四大美人中的两位，又得慈禧青睐，可不是又娇又作惹人怜！

Tips

洞庭红橘曾是东、西山第一大水果，曾有古书记载“橘非洞庭不香”。但是现代人嫌它果形小、果核多，种的人越来越少，农户们都改种经济价值更高的农作物了。不过红灯笼高高挂的景象还是有的，东、西山环岛沿线都种了很多洞庭红橘。东山还有一个洞庭红橘的种苗基地，在陆巷的万家生态园有一条 1500 米的红橘观光带，种植着近 1000 棵红橘树，11 月份去拍照，相当美。

橘子红了，爱枯萎了

拍《橘子红了》时，周迅27岁，黄磊30岁，都是最好的年华。

秀禾和耀辉从第一眼开始便已相爱，爱到最后，黛玉死宝玉婚，肝肠寸断。最后一场戏，秀禾为了生下她和耀辉的孩子难产而死，另一边，耀辉在礼堂中完成了他的婚礼。

黄磊后来说，这场戏拍之前，两人就坐在一起流泪，拍完了心里还是难受，他就去棚外抽烟，周迅也跟了出来。她站在他身边，他看着她，感觉这辈子都过完了。

2002年上映的这部悲情电视剧，为东山红橘带来巨大的名气，也让洞庭红橘笼罩着淡淡的忧伤。秀禾站在橘树下，望着耀辉远去的背影，她怕等不到他回来，她怕他再也不会回来。

那时候看这部戏，总是盯着周迅额头那一小撮方形刘海愣神，怎么会有人梳这么怪的发型。步入中年才恍悟，怪的不是发型，怪的是人生。不能和相爱的人在一起，是人生常态。就像电视剧主题曲唱的那样："春去春又回来 / 花落花又开 / 冥冥之中谁安排 / 走了心中的 / 留下忘记的 / 生活本来是无奈。"周迅低沉的烟嗓，让整个东山哭起来。

据东山的老乡透露，拍摄时，正值橘子采摘结束，导演李少红为了取得最佳视觉效果，买了几千斤橘子，一个个重新挂回树上。红橘原本有喜庆吉祥之意，东、西山结婚、过年时，家家户户都要摆上一盘，图个红红火火。导演是有本事的，赋予了明艳的橘子凄凄惨惨戚戚的意境，让人只记得其中的酸，忘记了它也有甜。

电视播出后，很多人来东山按图索骥，寻找剧中的橘子林。其实哪里需要线索呢，进入东山，橘树遍地。雕花楼后，陆巷古村口，惠和堂前，那些在树上高高挂起的红灯笼都是秀禾痴情的见证者，是告诉秀禾耀辉不会回来的耳语者。

橘子红了，爱枯萎了。

搬起石头种自己的枣

红橘青梅三山岛，家家花圃不闭门，莫道小，太湖明珠，长风破浪迎人笑。

吴冠中到三山岛写生时，被这里的田园生活深深吸引，写了这首小诗。小诗点明了岛上的特产——红橘青梅，点明了民风——不闭门，点明了规模——小，点明了区位——太湖，就是漏了一样东西——马眼枣。这枣子可是属于三山岛的独家记忆，出了这个小岛，你就找不着。

马眼枣是形状像马眼睛的枣子，一头大一头小，不像常见的冬枣那般溜圆。受湖岛水土的影响，马眼枣水分很多，咬一口嘎嘣脆，溅出的汁水在口腔中迸发，爽。

马眼枣为什么会出现在三山岛？这还得从文艺青年的鼻祖宋徽宗说起。宋徽宗喜欢一切陶冶情操的东西，奇石便是其中一项。奇石精品哪里找，皇帝遥指太湖边。问题是，太湖石在水下，谁来挖呢？据说当时大批囚犯被押解到三山岛，一是服刑，二是给皇上挖石头。犯人随身携带枣子沿途充饥，到三山岛后枣核满山乱丢，也不知源自哪里的马眼枣核便生根发芽了。

石头是醉翁之意，枣子是无心插柳。如今的三山岛上还留存着宋代花石纲遗址，马眼枣也是立秋一过，果实便挂满枝头。

目前，三山岛上有百年以上树龄的枣树680多棵，棵棵枝干苍虬，叶冠葱绿。初秋，杨梅枇杷水蜜桃都远去了，橘子还在拼命长大，此时正是马眼枣称霸的时节。上岛采摘，可置身于吴冠中画中的景象，绿意款款，又见炊烟。

为什么老先生的诗里没有马眼枣？因为他是四月上的岛，枣花还没开咧。

Tips

三山岛这几年都会在8月下旬举办**马眼枣**采摘节，有祭祀祈福、文艺演出以及采摘体验等系列活动。马眼枣除了生吃，还很适合做蜜饯。把枣子划开放水里蒸煮，放上冰糖，慢慢煮上一小时，就能吃了，或者晒开泡茶，养颜。

东山秋冬有啥好吃的，举个“栗子”吧

讲到东、西山的时令美味，枇杷、杨梅一直“怒刷”存在感。但其实，除了这俩小姐妹，太湖畔曾经著名的白果、板栗，也是集万千宠爱于一身的小哥俩。

同是清秋的美味，板栗和白果，就像一对“哥俩好”。

这还得从一本历史书开始说起。这本书名为《太湖备考》，是清乾隆年间金友理编纂的一部太湖专志，记述当时太湖周围三州十县的风土人情和风物特产。其中就有关于板栗和白果的记载，“栗出东西两山，东山西坞者尤佳”。有书里提到，清末时期，东山就已经产板栗达120吨，妥妥

的板栗盛产大户。

金秋至，离冬天的萧瑟还有一段时间，这时候太湖边的街头就热闹起来了。尤其在东山，家里有板栗的都要纷纷拿出来，在街头叫卖。还有的直接支起一口锅，挥舞起铲子，吆喝起糖炒栗子来。与其他地方的板栗相比，东山板栗果肉更大，口感也更软糯，无论是板栗烧鸡还是板栗蒸肉，都是“吃货”们的优选美味。

金秋时节的另一位贵客，就是白果。白果是银杏的果实，又被称为公孙树子，说它是贵客也一点不为过，白果的果实营养丰富，还能入药，具有很高的药用价值。《太湖备考》对白果的记载则更有趣一些，提到了银杏的别名。“银杏一名鸭脚子，实圆者名圆珠，长者名佛手，出东西两山。”可见太湖边，东、西山的板栗和白果，在当时是出了名的。

可惜的是，受利益所驱，曾经遍布东西山的板栗树和银杏树而今已被杨梅树和枇杷树所取代。原先家家户户都会种的银杏树，如今只剩下老树，新芽也已经不再深种。以前能卖到几十块钱一斤的白果，如今只要几个钢镚就能买上一斤了。

但不管怎样，曾经在农户和吃客们心间留下的印记不会磨灭，就像每到银杏叶飘落时，总想问上一句，白果是不是要上市了？每到路灯初上时，总想跑去街头瞧一瞧，板栗是不是炒好了？

Tips

银杏树的生长周期较长，大量结果的银杏树都需要沉淀四十多年。因此，现在的东、西山，种银杏的农户不多了，基本都转去种经济价值更高的水果，例如杨梅、枇杷等。也有不少老树保留了下来，毕竟千年银杏相当珍贵。

板栗亦是如此，相比早先，已经减产了很多。目前东山板栗的主要品种为茧团栗，由于其肉色淡黄，故有东山蛋黄板栗之称。

记得当时年纪小，梦里不知桂花落多少

纵有万般情思，总被花香绕。

光福镇的梅香再喜人，也挡不住丹桂飘香。旧时好婆常说："香雪海的梅花能养人，窑上村的桂花是能养活人。"

金秋时节，探访光福，坐着公交，晃晃荡荡，进入窑上村，桂花已是香飘数十里，农忙时节，家家户户都在为桂花奔走。虽然已经到了观赏时节，但是路上冷冷清清的，鲜有游客。桂花倒也不在乎，带着满腔的热情，在村里横冲直撞地盛开，刺激着人们的鼻腔，更撩拨着秋日的神经。

好婆指着竹篱茅舍边盛开的桂花，感叹着岁月的流逝。即使是不起眼的山村古道旁，随意飘落的花瓣，也能让她唠叨一

番“记得当时年纪小，你爱谈天我爱笑”的回忆。曾经的妙龄少女，一晃已是老妇人，却依旧围着桂花转。好婆不再在意桂花的收购价，也不再为细微的斤两偏差而懊恼，她开始在意今年的桂花好不好看，在意撒在糖年糕或糖芋艿上的桂花是否还跟原先一般小巧如金铃铛。

“现在的我，每到秋天桂花飘香的时候，还是会做年轻时的梦。”好婆把刚采的鲜桂花用梅酱慢慢拌匀，然后再用白糖腌上。年轻时，每天重复着敲打树干、采桂花、腌桂花这些事情，累到倒头就睡，即使睡着了也在梦中一遍遍重复这些动作。那时靠这个挣肥料钱的人，现在都已经不再年轻了。

说起现在的梦，好婆眯起双眼，仿佛穿过层层雾气，盯着远处的山头，“现在还是会梦见桂花，可不再是累的了，是甜的”。

Tips

光福盛产**桂花**，品种主要是金桂、银桂和丹桂。苏州桂花属窑上村最为出名，窑上村位于光福镇的西面，三面靠山一面临湖，与镇湖遥相辉映。窑上村的桂花，在中秋时节漫山遍野盛开，空气中都弥漫着甜甜的花香。

桂花除了是天然的香料以外，还能制成糖桂花，或者作为各种菜肴糕点的重要辅料。还能酿桂花酒，来了一定要喝两口。

自制桂花酒

原料

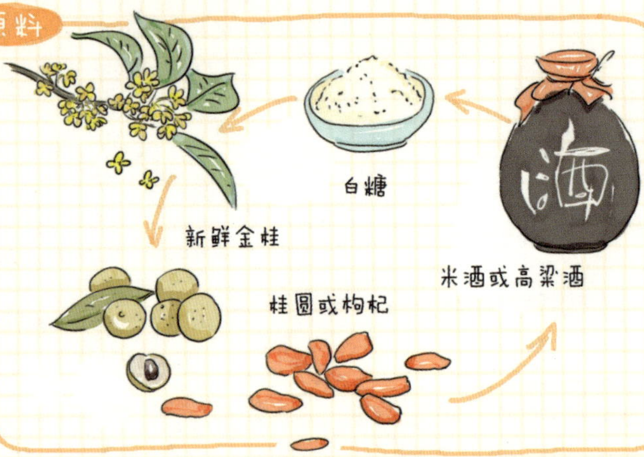

步骤

画重点：桂花不要洗，
筛去杂质即可。

1、将新鲜金桂置于通风阴凉处摊开风干一夜；

2、以一斤桂花四两白糖的比例拌匀，放入酒罐发酵三天；

3、倒入桂圆或枸杞，加入四五斤35度以上米酒或高粱酒，密封放阴凉处窖藏，一年后开喝。

自制桂花茶

原料

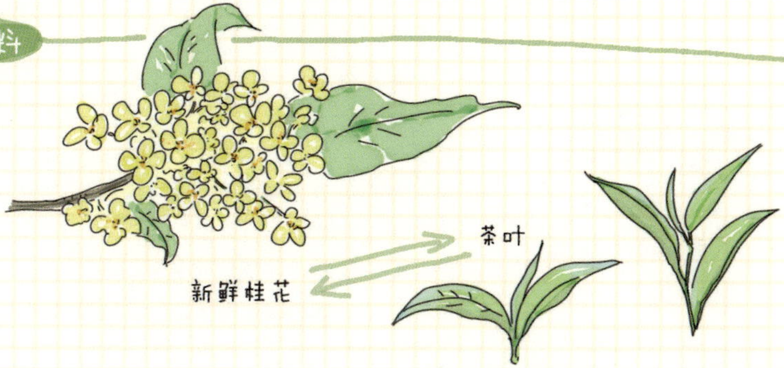

步骤

画重点：桂花不能晒干，
否则香气就飞了。

1、采摘花瓣微张的新鲜桂花；

2、茶叶和桂花以3：1的比例放在茶罐里，茶叶会吸取桂花的香气，静待桂花自然干。

3、热水冲泡，香甜四溢。

桃花泪正甜，正如你的脸

为什么人们总喜欢用桃花来代表爱情。“灼灼桃花凉，今生愈渐滚烫，一朵已放心上，足够三生三世背影成双……”这样的歌词太凄美，这样的爱情太沧桑。

总觉得桃花的艳丽，衬托得爱情太过浮夸，但在结识了桃胶之后，突然明白了那些编剧内心对桃花的偏爱。见过各色鲜花，也闻过各类花香，更是尝过各类花果，却从未见过哪一种会流泪。

都说蝶恋桃花美，谁知桃花也有泪。这里的泪指的就是桃花泪，也就是桃胶的昵称。桃胶从一出生就带着疼痛，在果农们的眼里，桃胶是桃树自我防卫后的产物。当桃树受到外力而破损或者是被真菌感染，树干自身就会分泌出桃树油，桃树油又经过风吹日晒，凝结成固体天然胶，就是桃胶。

因此，每一块桃胶的形成，都代表着桃树经历的一次伤痛，或是被刀斧所伤，或是为真菌所侵，更有甚者，是果农为了收集更多的树油而以刀割树皮。成长是疼痛的，这在桃胶身上同样适用，将自我愈合的能力充分地发挥出来，告别成长的伤痛，成为具有价值的个体。

所以桃花泪这带着微微哀愁的名字，用在桃胶身上是再合适不过了。一半是流泪的哀怨，一半是口感的软糯，风儿吹，雨纷飞，又见桃花吐芳菲，怜见桃树挂满泪。

当桃胶从桃树上被采收下来之后，它的身份就摇身一变，从苦情戏女主，变成了偶像剧“甜蜜教主”。无论是与木瓜一起温水炖泡，还是与皂角米一起熬到白头，总有香甜萦绕。清透的视觉效果，爽滑的口感，让它成了众星捧月的座上宾客，真是守得云开见月明啊！

炎炎夏日，想采些桃胶用来美容养颜，问上了年纪的人：“桃胶应该去哪里买？”大多数人都会回上一句：“那肯定是西山的桃胶最养人了！”

Tips

桃胶是从桃树上分泌出来的天然胶，在桃树生长时，用刀割树皮，时间长了以后就会有桃胶溢出，可以直接采收。不过，有时桃树也会自己将桃胶分泌出来，抵御真菌等的侵袭。

西山岛的桃胶最有名。七八月份，人们用小刀削取桃胶，晒干后再用水浸泡两天，切成小块，与荠菜、咸肉末儿熬成桃胶羹，咸甜交织，别有滋味。此外，木瓜炖桃胶、桃胶银耳糖水、桂花桃胶皂角米炖燕窝等都是好吃又补身体的好东西。

这姑娘需要慢慢爱

“上有天堂，下有苏杭。”从这句话开始，江南这两座城市就像并蒂莲一样紧密相连，连茶叶也是，杭州有西湖龙井，苏州有洞庭碧螺春，前者以贵气闻名，后者以清淡自居。

清淡碧螺春，正应了姑苏独有的味道与格调。如苏州人的生活，平淡且悠远，无须浓烈，但求日子过得细细如水。泡碧螺春就是这般，比如冲泡的水就不能太刺激，最好70℃，手摸杯子，微微觉得烫即可。太强烈的水和心，泡不好也品不好碧螺春。

碧螺春像极了一位吴中姑娘，需要慢慢爱。

碧螺春还真是一个姑娘。

那是很久前的事了。那时，洞庭西山有个姑娘，叫碧螺。美如仙，歌声如天籁。隔水相望的东山，有个小伙叫阿祥，打鱼为生。阿祥在湖中撑一叶舟打鱼，碧螺在岸上结网唱歌。爱如潮水，浸润着两个年轻人的心。

爱情的忠诚，有时需要邪恶来考验。太湖中的恶龙兴妖来了，狂风暴雨，作乱乡邻。阿祥夜伏，斩杀恶龙而负伤。碧螺姑娘心疼极了，日夜照料这个正直的心上人。碧螺在寻觅草药时，在阿祥与恶龙交战之处，见阿祥留下的斑斑血迹中长着一株小茶树，便小心培土。初春乍暖还寒时，碧螺怕冻伤芽苞，便口衔茶芽，芽苞绽放，渐成片片嫩叶。碧螺摘数叶，泡成翠绿清香的茶汤给阿祥品饮。

爱能疗伤——阿祥渐渐复原；爱总悲伤——碧螺积劳成疾，憔悴而死。

碧螺葬于茶树之下，呵护那株小茶树。人们为茶树取名“碧螺春”。

这只是一个传说而已，但能流传至今，又恰能说明人们对美好爱情的颂扬、对传统文化的留恋。爱是永恒的，能穿悲与喜，能跨生与死，能越时与空。这杯茶里，泡着清雅的爱。

1000 多年前，陆羽成了弃儿，不知父母是谁，不知家又在哪，是个僧人收养了他。寺庙里，他学会识字，也学会烹茶。按常理，他或许应该皈依佛门，削发为僧。但他没有，他把满腔的爱都泡在茶里，遍访山川，采茶品茶。茶，是他的所有，是他的命。

那年，洞庭“水月茶”（洞庭碧螺春原称）声名鹊起，他像个痴情的情郎，辗转千里来到西山明月湾。这口茶的味道，成了结果——他将水月茶写进不朽的名著《茶经》，水月茶让他安放了奔波的灵魂。相传陆羽晚年便在茶园盖房结庐，只求与茶共度此生。爱了，就相守吧。

如果有爱，就来泡杯茶吧。生活，有时就该这么细细如水地爱着。

Tips

洞庭碧螺春每年清明前后上市，以明前为贵。三月底四月初，到苏州喝杯碧螺春新茶，是很不错的选择。

吴中区东山和金庭（西山）两镇是碧螺春的原产地，苏州的茶乡，同时也是环太湖旅游的重要景区，每年新茶上市，两地都会推出特色采茶炒茶体验游。

东山镇有几个推出了采茶游的地方不错，比如雨花胜境、古尚锦茶叶合作社、吴侬茶叶合作社等，金庭镇缥缈峰下的水月禅寺贡茶院也很不错。

匠心

指尖上的绝技

玖

传统手艺人
守着传统守着工艺
新时代工匠
守着匠心守着匠作
有温度的人
做有年代的事

Tips

香山位于太湖之滨，自古出建筑工匠，这些工匠擅长复杂精细的中国传统建筑技术，人称**香山帮**匠人，史书曾有“江南木工巧匠皆出于香山”的记载。东山雕花楼、西山仁本堂、木渎严家花园等均由香山帮匠人打造。蒯祥是香山帮一代帮主，苏州太湖国家旅游度假区里有个蒯祥文化园——小巧精致的苏式园林里，亭台楼阁，小桥流水，应有尽有，里面还有一座香山帮展示馆。

帮主进京 造了天安门

也许，明朝永乐十五年（1417），随父应征、参加皇宫建设工程的蒯祥怎么都想不到，多年后他会成为统率各匠的首领、香山帮一代帮主，甚至因此官运亨通，一路做到工部左侍郎。

虽然当时蒯木匠还不到20岁，但已经在圈里小有名气，凭啥？他特别会画龙，而且“能以两手握笔，画双龙合之如一”，别人画一条龙的工夫，他已经画好了一对。这样的人才，老百姓哪敢用啊，请他来给自己画龙？那不是找死嘛！

蒯祥是名副其实的“匠二代”，他的爸

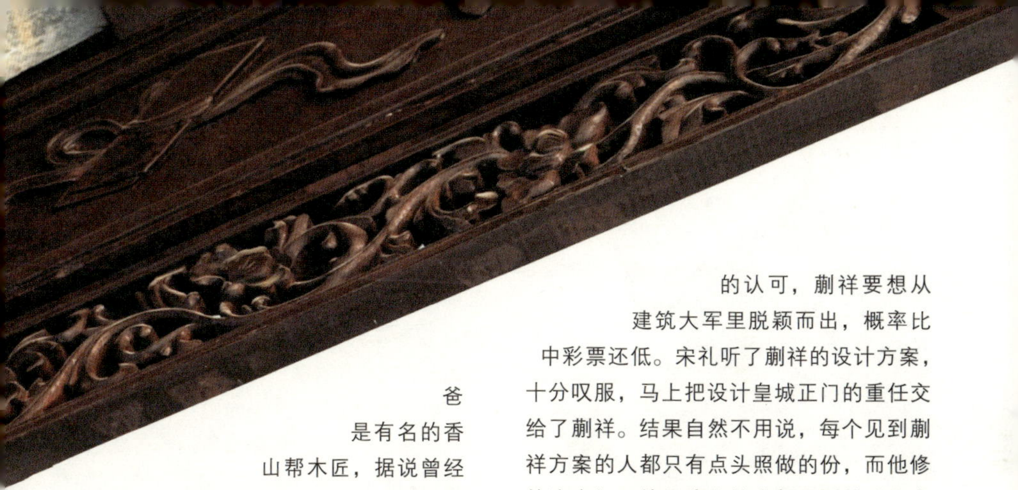

爸是有名的香山帮木匠，据说曾经给朱元璋修过南京的宫城，因为活儿干得漂亮，后来被选进宫，当了总管建筑皇宫的“木工首”。在明朝，工匠的职位属于世袭，可以一代代传下去，所以蒯爸爸从小就重点培养儿子画龙，啊不是，造房子的技能，以后接他的班。

这个世界上最可怕的事情，是比你有才华的人比你还努力。蒯祥就是这种人。他练习用凿子，能把一块只有铜钱厚的木板放在青石板上，凿出一个榫眼来；用斧子，他要求自己既要把木板砍断，又不让斧子碰到下面的石板；建造宫殿楼阁，他掐指一算就能画出精准的设计图来，等施工结束去看，实际建筑和他的设计图样大小、尺寸分毫不差。

如果天才 =1% 的灵感 +99% 的汗水，那蒯祥的公式里还多加了一位伯乐。如果没有当时主持北京城建设的工部官员宋礼的认可，蒯祥要想从建筑大军里脱颖而出，概率比中彩票还低。宋礼听了蒯祥的设计方案，十分叹服，马上把设计皇城正门的重任交给了蒯祥。结果自然不用说，每个见到蒯祥方案的人都只有点头照做的份，而他修的这个门，就是我们从小都唱到的“北京天安门”。

当上天安门（当时为承天门）总设计师之后，蒯木匠的人生就开启了御用模式，先是修了好几座皇家陵墓，后来带着工匠们重新设计建造了被雷电击毁的故宫三大殿和乾清宫，并增建了坤宁宫。到了 60 岁也不能退休，63 岁设计西苑、67 岁设计裕陵、68 岁奉旨重建天安门，直到 84 岁“卒于位”，真正把自己的一辈子奉献给了建筑事业。也是因为他，香山帮的手艺走出了苏州，进了北京，入了紫禁城。

皇帝也没有亏待蒯祥，把他从一名工匠逐步提升，直至封为工部左侍郎，授二品官，享受一品官俸禄。大家亲切地称呼他为“蒯鲁班”，老百姓还把他在北京住过的一条胡同命名为蒯侍郎胡同。

你雕木头的样子真帅

从无声无息的乡村学徒到名扬四海的木雕家，从蛰居家里小打小闹到依托光福中国工艺文化城这一工艺航母开出紫檀艺术馆。钟锦德，一个提到紫檀木雕就无法绕过的名字。30 多年来，他通过不断创新，实现了人生的一次又一次跨越。

钟锦德 1963 年生于光福舟山（今属香山街道）。那里的村民深受香山帮传统建筑营造技艺的影响，许多人都擅长木雕。钟锦德从小耳濡目染，对木头有着与生俱来的深厚感情。高中毕业后，钟锦德开始了他为之痴迷的木雕生涯。学徒满师时，21 岁的钟锦德是众多师兄弟中。基本功最扎实、最有悟性的一个。

有一次，师傅雕了一件《苏州门狮》，钟锦德觉得很有意思，也想着试试。但他知道，如果也雕这样的门狮，那就等于抄师傅了。经过反复查阅资料，反复思考，忙了半个月，他雕出了威武雄壮、风格不同于师傅作品的《北京门狮》。

当时钟锦德还是村办厂的工人，作品通过乡办企业带到 1983 年的广交会上，结果一下订掉了 30 多万元的货。在当时，30 多万元简直是个天文数字。

20 世纪 90 年代，他又开始加工紫檀木，实现了材质上的拓展。

紫檀是一种稀有木材。古代的紫檀指今天所说的小叶紫檀，生长极其缓慢，相传 100 年直径才能长粗 3 厘米左右，必须经过八九百年乃至上千年才能成材，因此被视为木中极品，甚至有“一寸紫檀一寸金”的说法。千百年来，这种木料基本为皇宫所垄断，民间很少见到。钟锦德第一次见到紫檀,还是 1989 年的一次来料加工。之前他加工的只是花梨木、酸枝等产品。

对方要求将这段紫檀木料加工成笔筒。钟锦德试过后发现，紫檀木太硬了，三下五下,刻刀就坏了,只好重新做了一套刀具。

20 世纪 90 年代起，市场上出现了大叶紫檀，这让钟锦德接触紫檀的机会大大增加。紫檀色泽沉穆、稳重贵雅，木质坚硬致密，不容易变形，适于雕刻各种精美的花纹，连铅笔线那么细的造型也能做出来。此外，紫檀木外表容易形成包浆，使明暗关系更清楚，效果更理想。渐渐地，紫檀作品成为钟锦德主攻方向。

开始的时候，钟锦德的紫檀木雕主要是明式家具、传统摆件。但他意识到，社会思潮在变化，作品必须不断创新，自己才能实现从匠人到艺人的蜕变。就这样，钟锦德不断创新，目前已创作了一千多个品种的紫檀作品，其中有《西游记》人物，也有壁挂、水盂等器物，还有刘海戏金蟾、龙凤、辟邪等吉祥图案……平均下来，他每年都要拿出几十个创新品种。

Tips

光福有红木雕之乡的美誉，**木雕**作品种类繁多，大到家具，小到笔筒。钟锦德是苏作红木雕刻技艺代表性传承人，紫檀木雕刻作品《南湖红船》被中国国家博物馆收藏。钟锦德紫檀艺术馆在中国工艺文化城三区，免费开放，可去观赏佳作，也可以淘些宝贝。

地址：吴中区光福福东路 99 号

Tips

近些年，核雕收藏热度不减。以苏州、上海为代表的南工作品销路颇佳，苏州光福镇舟山村（今属香山街道）就是国内著名的核雕制作集散地，村头巷尾都有工作室。

购买：核雕分长串、手串、摆件、吊坠等，一物一件。手艺人中，宋水官的名气很大。年轻手艺人中，陆小琴的作品也很抢手。想买，得擦亮眼睛，比如有些表情统一、手法工整的罗汉可能是机雕的，并不是手作。

保养：养核雕也很考验经验和耐心。要避免太阳光或高温灯光长时间直晒。戴手串，洗手时千万不能图省事。如果核沾上水，就放在食品保鲜袋里打一松结，让水分慢慢蒸发，切忌速干。最好的保养方法是经常在手里把玩，让核雕吸收人体的油脂。北方藏友尤其要注意防风抗干，大风很容易将橄榄核吹裂，风力稍大，就得妥善收藏起来。防止开裂的另外一个办法是上油。虽然橄榄核本身具有油性，但随着时间推移，油性就会消散，必须通过上油来增加它的油质。总之，娇气得很。

核雕
是一种很玄的东西

江南曾流行过一种说法："凡文人必手持折扇，有折扇必有核雕扇坠。"执扇赋诗，如此风雅乐事，而今虽已无从得见，但曾为扇坠的核雕，却依然是众人心头之物。它长不盈寸，却饱含雕刻的精华。

大多数人对核雕的认识源于中学课本里的那篇《核舟记》：明朝末年的浙江秀才魏学洢，从苏州名匠王叔远手中得到一枚桃核雕刻的小船。此物大约两粒黄米那么高。船上有篷，船舱上有窗。启窗而望，恰与雕花栏杆相对。右刻"山高月小，水落石出"，左刻"清风徐来，水波不兴"。船上还有苏东坡、佛印、鲁直三个大男人，暖炉、茶壶、手卷、念珠之类的小物清晰可见。欣喜之余，魏学洢遂作文一篇，并啧啧赞叹：城会玩（网络用语，"你们城里人真会玩"的意思）！

明清是核雕的繁盛期，核雕是江浙一带文人的最爱。民国时期，苏州吴中光福人殷根福雕刻十八罗汉头像，穿成手串，在上海老城隍庙出售，旋即售空。其子女及弟子将这门手艺传承下来，于是，光福就成了近代核雕的发源地。

有人以为，核雕再小，总不及米上刻字精微。事实上，米上刻字采用阴刻的手法，只要工具得当，材料合适，就能在分毫间雕琢出肉眼无法看清的文字和图形。而核雕所使用的圆雕、浮雕、镂雕的创作手法则要复杂得多。它是立体的艺术，由上到下，由表及里，图案层层套叠，艺人在动刀时必然要寻找一个支撑点，纹样的精细不是无止境的，细到一定程度就必须适可而止，否则就会因断裂而前功尽弃。

在舟山村核雕大师的工作台上，摆着台灯、水杯、笔筒、一台收音机、十几把不同类型的刻刀和雕刻时抵住核以借力的小木板。设备虽简单，但若要在长度盈寸的核上雕琢出精、细、奇、巧的作品，流程却十分复杂。作坊里的雕刻师傅们拿到一粒核，通常不会立刻动手，而是像作家写作前先打腹稿一样，根据核形、麻纹、质地，因材施艺，按照自身的雕刻所长来确定作品内容，用巧妙的构图避开核身稍

有瑕疵的部分。若是有幸得到一两枚优质奇核，这个构思的过程往往长达数月。

得枚好核不容易。初学的艺人往往习惯先在核上打草稿，用寥寥几笔勾勒出大体布局。到了打坯时，刀随线走，物件的轮廓就出来了。初雕力度不能过猛，不能刻死，要给接下来的复雕留足修改的空间。万一是工艺繁复的作品，比如核舟中能自由开启的小窗，需要在榫卯结构的安装上不差毫厘，若是初雕时把空间限制得太死，一刀下去稍有偏差，就没了返工修改的退路。刻刀在方寸间迂回游走，刀法要果敢，令观者不觉汗出。

雕刻是一门消减的艺术。由外而内，一步步减去废料，循序渐进地将形体挖掘、显现出来。在这一次次消减的过程中，人与核似乎融为一体，物我两忘。此时，刻刀的走向，循着不经意间迸发的灵感，而这些无法预估的偶然性，能为作品带来意想不到的神韵。岁月累积，技艺、章法自然谙熟于心，手中的每一刀看似不经意，却都是受着心神的驱使。这些从长年累月的经验中产生的手感，或许就是给核雕作品带来灵气的关键。

他的玉雕作品
被大英博物馆永久收藏

尊敬的马洪伟先生：大英博物馆收到了您的玉角作品，我们不胜感激。

2017年，光福玉雕大师马洪伟终于收到了来自大英博物馆的收藏函，确认他的青玉作品《角》，以及其他名家的五件中国当代玉雕作品将被共同陈列展出。此时距离大英博物馆亚洲部负责人和东方玉器部专家来中国考察，已经过去三年。

大英博物馆出具的正式收藏函中写道：“我们非常荣幸在馆内第一次展出生活在21世纪的雕刻大师们的玉雕作品。这些当代玉雕作品告诉我们在今时今日的中国，玉器依然占据着重要的地位。”

也就是说，这是大英博物馆首次收藏中国当代玉雕艺术家的作品。以前的玉雕藏品，都是古代的。

马洪伟的作品被世界顶级博物馆永久收藏的消息很快在吴中传开。很多人的第一反应不是“老马开挂了”，而是一副“我就知道老马准行”的表情。从事玉雕专业26年的马洪伟，最拿手的技艺是将青铜器和玉相结合，将玉雕刻成古代青铜器的造型，使古韵和现代审美有机结合。这是老马的创新，并且在圈内渐渐闯出了一条路。他想找到古代玉文化和青铜文化背后更多的文化内涵，使这一玉雕题材更合理更长久地流传下去，给青铜化玉找到更多理论支持。

2017.3032.1，对马洪伟来说，是一串值得铭记一生的数字，这是《角》在大英博物馆的收藏编号。从此，他对玉雕青铜器也有了更深的思考。

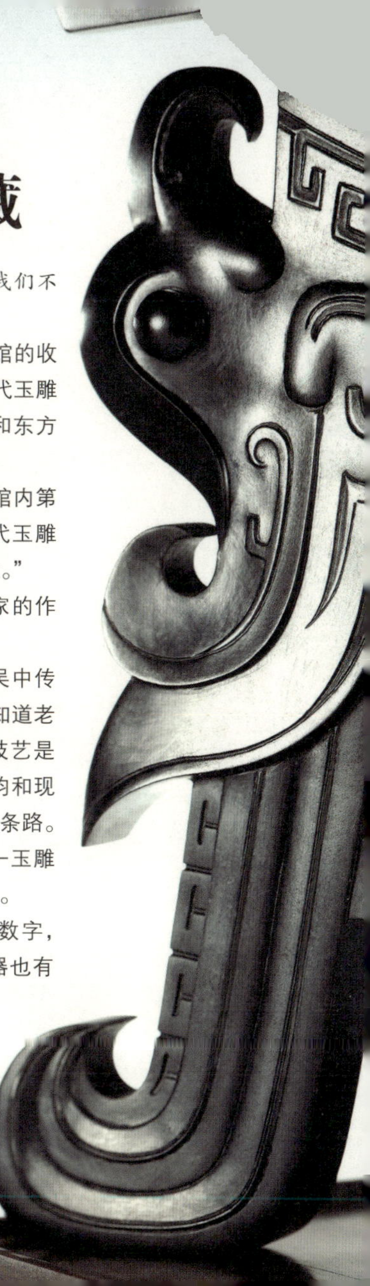

Tips

马洪伟的工作室叫玉韵春秋，地址是光福镇中国工艺文化城三区3幢102号，有展示也有产品出售。光福镇中心有一条长约300米的工艺街，两面全部是玉雕作坊，平时人不多，耐心点说不定能淘到宝贝。

关于二娘的砚故事

雍正年间，从端石产地罢官而归的那天，黄任船中所载唯有砚石。在任之时他节衣缩食，白花花的银子换成一块块硬邦邦的石头。

他的眼中，田宅千亩，不及砚田一方。是啊，在古代，砚台是所有中国文人的精神田园。

好的砚台，两个条件：石要好，工须精。黄任挑最好的砚石，寻找最好的工手，寻寻觅觅来到了数千里之外的姑苏专诸巷，要拜会一个叫顾二娘的女子。

顾二娘姓邹，名字无考，苏州人。丈夫早逝，膝边无子，命运多少有些不幸，但像许多生命力极强的平民一样，她有随遇而安的秉性，默默继承公公制砚的手艺。

本是掌握一门养家糊口之技，一不小心却扬名砚界，“当世实无其匹”。

文人士大夫的登门，有没有“折煞奴家”不得而知，但交流砚艺，顾二娘必不露怯。她有自成一家的观点：“砚为一石琢成，必圆活而肥润，方见镌琢之妙。若呆板瘦硬，乃石之本来面目，琢磨何为？”上下几百年，这几句话是苏工制砚理念的最佳概括。

这次拜会，回报黄任的，不只是几方佳砚；与其说这是一次长途跋涉的寻砚之路，倒不如说是与以往生活方式彻底斩决的彻悟之旅。品玩佳砚、蕴藉心绪，藏砚行为的背后，是文人精神的皈依——何必纠缠于官场是非、宦海得失，下半辈子化去戾气，从心所欲，躬耕砚田，写诗著文，照样可以活出人生的价值！

这个文人砚痴与苏州制砚女子的谋面，传为艺坛佳话。

顾二娘有大家风范，制砚挑剔，不是好石不肯奏刀。她用过的砚石只两种，一是广东端石，另一种便是本土的——苏州灵岩山附近的嶀村石。嶀村砚有多好，乾隆爷的态度便是旁证。乾隆颇因藏有嶀村砚而自得，有几句诗暴露了他幸福过头的不淡定：“龙宾休说臒（应作“嶀”）村无，犹此晨星一二俱。漫诩外庭希见也，岂知内库久藏乎……”

苏州嶀村石，小名澄泥石，从古延续到今。圆、活、肥、润的砚雕技艺，专诸巷没有了，藏书一带继续保留，作为江苏省非物质文化遗产，依然在苏州砚雕艺术家手里薪火相传。

美丽的事和物，人们不会遗忘，也不愿遗忘。

Tips

吴中区木渎镇往西（原藏书镇），分布着多家砚台店、石壶店、石雕店。比较有名的如：江苏省非物质文化遗产澄泥石刻省级传承人、江苏省工艺美术大师蔡金兴的慧石居，江苏省工艺美术大师蔡云娣的工作室，张文彪的藏书砚台研究所，等等。

品种：

1. **砚台**：兼具实用和欣赏功能，砚台价格少则几百元，贵则几万元甚至十几万元，购买时吃准两点，工艺和质地。工艺以落落大方、造型雅致者为上；质地则以细腻且色彩漂亮者为佳。当地制作的主要是嶀村石砚（澄泥石砚），也有端砚，而后者价格极高，如果是上等的，15 厘米长的料子成本就要上万。

2. **石壶和石雕**：看造型、做工，喜欢就好。注意，前者能欣赏，也能给砚台注水，但不要用来喝茶（用坏只能怪自己）；后者可作艺术品摆设。石壶便宜的只要几十元，贵的上万元，如果追求价廉物美，五六百元至两千元左右的最合适。当然，购买前别忘了“刀”一下，能砍多少是多少吧！

针尖绣出的，是妈妈心尖的温暖

苏州人嫁女儿规矩多，绣有“百子图”和“凤穿牡丹”的软缎真丝被面就是必备的嫁妆之一。一般的丝绸店都有售，但个中的极品当然是“Made by Mum”。

按照老人的说法，你对女儿的疼爱，从被面的数量就可体现一二。两床是最少的，四不吉利，所以一般人家都要用六床。我出嫁的时候，我妈给我绣了八床，且每一床的图案都不同，除了百子图和凤穿牡丹外，还多了“鸳鸯戏水”“龙凤呈祥”什么的，绣足了三个月。我当时还想，要是我妈绣不完，我是不是就不能嫁。

其实，在我的家乡，女红的能量值越高，未来嫁个好人家的机会就越大。到十岁，母亲必定送你一副小小的绷架，从易到难，像打怪一样升着级，直到把自己练成大 BOSS。我有一个伙伴，天赋异禀，七岁的时候就能绣日式的和服腰带，后来被她妈妈送去学艺，现在已是小有名气的“大师”了。

夏天的时候，妈妈去镇上的布料店裁一块上好的素色重磅真丝布料做裙子，多下来的边角料，绣上一朵牡丹或者几片竹叶，便成了一方独一无二的真丝手帕。上大学那会儿，当我拿出各色真丝手绢擤鼻涕时，同宿舍的小伙伴个个目瞪口呆，以为我家一定富到流油。其实，在我眼里这是普通到不能再普通的物件。我还常常羡慕他们的棉质手绢，至少吸水啊。

苏州有很多的苏绣大师，他们的作品都是艺术品——可以用来挂在墙上，摆在桌上，又或者当成国礼，再不然就是搭着飞船上宇宙。可在我的眼里，绣在真丝面料上的那些图案，只是母亲用来点缀生活的小玩意儿，带着浓浓的乡愁和暖暖的爱。

Tips

四大名绣——苏绣、粤绣、蜀绣、湘绣，苏绣居首。苏绣中，双面绣是它皇冠上的一颗明珠 苏绣的技艺水平在其中体现得淋漓尽致。

来吴中看苏绣，两个地方不能错过。一是古代刺绣大师沈寿的故居，就坐落在木渎古镇上。一代“刺绣皇后”在此学艺，开启了她的艺术生涯。另一处就在沈寿故居旁边，是当代刺绣大师姚建萍的刺绣艺术馆，坐落在古松园内。这里展示了姚建萍的经典作品，甚至还有些被当成国礼的作品同款，让人近距离体验这一传统技艺的精湛之处。

老奶奶手中线，刻出五十年

Tips

苏州**缂丝**织造技艺是世界非物质文化遗产，马惠娟是代表性传承人。马惠娟在光福的家中成立了自己的缂丝工作室，苏州诚品书店负一层设有店铺，开在“苏州采集”区域。店铺内商品以缂丝摆件、挂件、包包为主，题材多为花鸟类。价格从千元出头到上万元都有。

店铺内有一台缂丝机，别忙着嫌商品价高，实地感受一下缂丝制作的不易，你就会理解了。

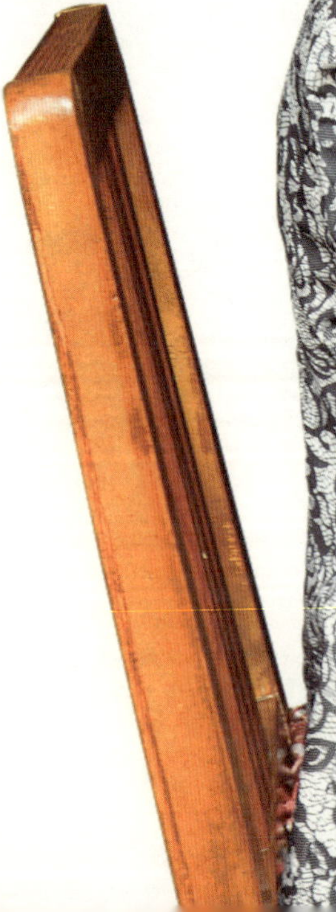

技术可以带你穿越时空，譬如一副 AR 眼镜足以使你不知今夕是何年；技术足以改变生活，譬如只负责提供能源的炉灶，如今已能自命“煮妇”，自动炒菜；技术拓宽了人认识物的每一个途径，从现象到本质，都呈现得透透的。但谈取代，苏州的缂丝技艺，至今依然是现代技术无法深入的领域。

每一寸（约 3 厘米）长的距离，至少有 80 根竖向丝线，船形小梭来回梭织，织背景布的时候，图案同时慢慢呈现。不同于刺绣的在一块丝布上进行创作，缂丝的图案与背景丝布为同一平面，这不仅考验手艺人的技术，更考验对画面的整体把握。10 厘米见方的生肖小摆件，如今仍然需要手艺人在机器前坐上五天，才能织出成品。

全国掌握“织中之圣”缂丝技艺，且达到大师水准的，不过三人，马惠娟是其中唯一的女性，也是最年轻的一位。现在，60 多岁的马惠娟已经在缂丝机前坐了快 50 年了，从小姑娘一直坐到花甲之年，即使有几大包获奖证书和无数个荣誉头衔，她最珍爱的，还是一台缂丝机。“每天早上 7 点半就坐下来了，到傍晚 5 点多才离开缂丝机”成了她不平凡生活里的平凡选择。

缂丝，是以蚕丝为原料的高档丝织手工艺品，以通经断纬的高超技法，使图案像镂刻一样，所以也称刻丝。历代留存的缂丝精品，多为龙袍等御用品，或是为帝王所摹的书画欣赏片，在马惠娟和儿子肖锋的努力下，缂丝手提包、缂丝书画摆件等越来越多的缂丝衍生品进入大众视野，这让缂丝与日常生活有了更多的关联。传承古老技艺，对他们而言是落到实处的努力。

银发满头的马惠娟始终不舍得离开缂丝机，除了坚持技艺的传承，这位有趣的老奶奶也对自己提出了新的要求：追求内容上的突破。譬如用缂丝来做摄影作品中的人物，譬如以缂丝呈现一幅水彩画……这些都是旧时未曾有过的。为了追求最满意的色彩过渡，她甚至会将一根丝线劈成好几份，再将其他颜色的丝线糅合进来，以调出她最满意的作品。

不管外面的世界如何高歌猛进，她却似乎从没变过，仍是一台缂丝机、一双巧手、一颗坐定的心，但却又已经翻过千山万水，沉沉浮浮，用指尖感知人生。

APEC 御用绣娘
绣出领导人的新中装

2014 年 11 月，亚太经合组织（APEC）领导人非正式会议在北京召开。APEC 有个不成文的惯例，东道主国家要为与会领导人以及他们的太太每人定制一套富有自己国家民族文化特色的服装。

APEC 会议开始前一个月，家住吴中区光福镇的绣娘府向红接到了一个从北京打来的电话——根据国家有关部门决定，此次太太团服装上采用苏绣绣花。

经过选拔推荐，府向红的工作室被选中。

8 岁开始拿绣针的府向红，26 岁便组建了自己的团队，在市场运作中，接单无数。但给这么高规格的会议做乙方，她激动之余也不免紧张。首要问题就是时间太紧。通常来说，一件精品苏绣要耗费一个绣娘一两个月的时间，而太太团服装的绣花时间只有一个月，工作量相当大。考虑到她的工作室只有十多位绣娘，府向红又从窑上村挑选了针上功

夫最好的十几位绣娘，组成了平均年龄超过40岁的绣娘团队，赶赴北京。

当时由于处于保密状态，府向红不能对绣娘们明说到底是什么活，做出来的衣服会在什么场合亮相，只能一家家登门劝说，花了一个多星期，才把所有人“忽悠”到位。除了府向红本人，所有绣娘都是最后从电视上才了解到自己做的衣服就是“新中装”。

这种订制设计的衣服，根本不会有实际的试穿，而且在第一批样衣制作出来前，也拿不到尺寸。只有一个办法，靠设计师目测来设计样衣。尺寸对衣服的绣花影响很大，比如同样一个牡丹花图案，身材丰满的人穿，花就要绣得略微大一些，身材瘦小的人穿，花就要绣小一点。设计师用目测“隔空”来预估尺寸，肯定会有误差，这个环节非常考验服装设计师和绣娘的经验。为了使误差最小化，府向红与设计师们一起研究大量资料，包括领导人及其夫人的视频和照片。

最后，只有一件返工，是一位领导人夫人的衣服，袖口尺寸要加大一点，绣花部分也要随之调整。府向红和7位绣娘只用了四个小时就改好，而且在袖口多出的部分绣了两片水仙花的叶子，看起来十分自然。

2014年11月10日晚，APEC领导人在水立方身着中式服装拍摄了一张具有浓郁中国特色的“全家福”照片，“新中装”就此在全世界面前亮相。

Tips

苏绣的表现形式有很多，有披肩、旗袍、茶席、摆件、团扇等。**府向红**是吴中区非物质文化遗产（木渎刺绣）代表性传承人。其作品表现出苏绣精、细、雅、洁的神韵，她在花鸟题材的创作上有不俗的造诣，曾参与英国威廉王子婚礼服和国内外多位明星服装上的花纹绣制。华服《敦煌飞仙》被苏州非物质遗产馆永久收藏，这件衣服可是参加过2015年巴黎春夏时装周的。

Tips

苏州地区**水乡妇女服饰**历史可追溯到几千年前的稻作农业经济初期，主要分布在以甪直为中心的360平方千米水乡地区。现在甪直一带还是有人会穿这种传统服饰，只是相对比较少见。想要深入了解的朋友可以去甪直江南文化园，里面有个水乡妇女服饰博物馆，凭古镇门票进入，不难找的。

穿整套高定干农活，是水乡人的奢侈

“女的往往裹着白地青花的头巾，虽然赤脚穿短短的夏布裙，躯干固然不及男的这样高，但是别有一种健康的美的风姿。”对于甪直“小姐姐”的美，叶圣陶先生给出了很精准的评价。水乡“小姐姐”们的时尚天赋是与生俱来的，纵然是去干活儿，也要穿得大气，也要从小处透出一些与众不同来。

当年作死看《红楼梦服饰大赏》，什么比肩褂窄肩袄，掐牙背心绿官绦，细读之下就觉得脑仁儿疼，轻易看不得。可当我研究起甪直的传统水乡服饰时，便觉得红楼里的这些服饰委实算不得什么了。所谓“青莲衫子藕荷裳”说的就是这种服饰了，细数之下发现这套服饰有十余个组成部分，当下便觉天旋地转，眼前发黑。

那便按曹公的口吻来说吧。咳咳，只见自桥上走来一个年轻妇人，这妇人打扮与别个不同，格外干净利落：头上梳着乌黑硕大的鬅鬅（来，跟我念，pán）头，裹着碎花布拼成的拼角包头巾；身上穿一件靛青色大襟拼接衫，腰间一条镶靛青襕边的百裥褶裙，用一根刺绣精美的穿腰勒出细细的腰身，外罩一条一尺见方的褶腰头；下面半露着黑底碎花拼接裆短脚花裤；着一双蝶恋花的百纳绣鞋；身量苗条，体态轻盈，如此云云……

传统的水乡民俗服饰可都是手工缝制，那就是一整套的成人高定（高级定制）。不过细究起来，这种服饰的时尚性在其次，最主要的还是实用性。以拼接裆短脚花裤为例。这种裤子腰围、臀围肥大，裤腿短窄，相当于现在的直筒哈伦裤。这种裤子可以防止稻田中的蚊虫侵害皮肤，若想避免沾上水渍，只需轻轻朝上一提，裤腿就贴在腿上掉不下来了。

而在保证劳动方便之余，身为女人的爱美天性就跑出来了，这拼接裆短脚花裤被很有心机地设计成了七分 high-fashion 款式，夏天单露出半截白皙的小腿和纤细的脚踝，这才更显得身量苗条，体格风骚嘛。

值得一提的是，除了服饰之外，鬅鬅头也是这种服饰文化的重要组成部分。鬅鬅头梳起来相当繁琐，也只有勤劳能干的水乡妹子们才有心思，大早爬起来梳头。像我这样懒惰的人，早起都懒得梳头，略拢一拢就出门了，要改梳鬅鬅头，那打卡是妥妥地赶不上了。

Tips

苏扇虽只有方寸，但制扇却是一个非常繁复的过程。一根竹子或一块木料从选材到成扇，细分下要经过数十道工序的锤炼：选料、削边、打磨、扇骨成形、泡水定形、修整、磨平、烫钉、烘烤定形、捆绑定形等。

凌云扇厂是国家级非物质文化遗产苏扇制作技艺的传承基地，目前主要生产折扇、宫扇以及周边产品。淘宝店叫苏州凌云扇艺手工店，几十元至两三百元的都有。要看实物就去苏豪工业园，那里还有传统文化体验馆。

一把扇子 480 美元，不贵

从古至今，扇子正确示范了雅俗共赏这个成语。譬如绢宫扇，是一幅贵妃在榻、巧笑嫣兮的画面；红绸扇，满是广场上大妈群舞的热闹劲儿；又如折扇，画风将切换成风流书生、白衣卿相；但想一想大蒲扇，很有可能是一个光膀子的乘凉大爷优哉游哉地坐在躺椅上摇着。

除却姑苏，不话江南风物，苏州人用扇偏雅，苏扇也因其风雅娟秀，独得雅名。雅扇得有雅人做，更难得的是，这位大师还是个美人。

美人大师名叫盛春，青衣素面，半绾头发，散发着一种清雅气质，为苏扇代言可谓般配。

美人在爱人面前，显得格外小女人。盛春和胡建忠，在苏州乃至全国的制扇圈都是伉俪典范，他们一起创办苏州凌云扇厂，男主外女主内，一个负责业务开拓，一个深挖制扇工艺。

本想八卦下情史，胡总却开始起范儿了。一叠叠宣传册和证书砸过来，没翻几页呢，他又举着好几把扇子，迫不及待地开始“秀”夫人。

其中一把就是盛春的得意之作，2016年湖南卫视中秋晚会的定制款团扇，取名《花好月圆》。这把扇子可厉害了，它以紫光檀制框、柄，缂丝制扇面，头尾花嵌银丝，尾部花片取“四合如意”图案。精细是肯定的，最别致的是，这是一把没有“梃”的团扇。因为传统团扇中有一根梃将扇框一分为二，但中秋讲究的是团圆美满，分开是万万不行的。盛大师经过反复推敲，把梃去了，让它“圆满”了。

另一件上热搜的作品，更是直接引领了全球时尚圈。还记得2017春夏米兰时装周某奢侈品梦幻大秀吗？腿长2米的西方模特们为了凹造型，手里都握着一把团扇。这也是盛大师的作品，但她却很“作”地表示：唉，不满意。扇子的形状完全是中国风，但扇面上的工笔花卉图案、黑色哥特式字体又十足的西方化，两方结合，有点接受无能。

再如G20（20国集团）领导人峰会的定制团扇、2015年“纪念抗日战争暨世界反法西斯战争胜利70周年”国宴用乌木扇及台屏、《如懿传》中迅哥儿拿的扇子……这边胡总眉飞色舞地“秀”，那边盛大师露出小女人的微笑，而我则在心里默默嘀咕：那把奢侈品扇子售价480美金，是多少人民币呀？

庄稼汉变艺术家，放下镰刀玩跨界

每个地方所呈现出来的气质都是文化底蕴凝结而成的，魅力的散发有时候不需要炫耀，身处其中的人自然能感受得到，就像胥口的丹青笔墨，书香韵味，你来或不来，它一直丝丝萦绕在胥口，世世代代熏陶着一草一木。

洗手，擦拭，心中已有水墨延展；捻一张纸，铺开，压平，细碎点滴入怀；研墨，提笔，轻蘸，满足地喟叹出声；落笔，恣意挥洒，那些真实的山川和虚化的心境。

对于胥口的书画家来说，写字作画是一件有仪式感的事，字画的“表”虽不同，但“里”相同，一幅字一幅画，都是作者内心的表达。一笔一画，一提一点，一撇一捺，一草一木，一花一叶，一山一水，一景一物，穿着水墨的衣裳，存着作者的小心思。

胥口镇因为春秋时期吴国重臣伍子胥而得名，两千多年的历史赋予了它醇厚的书香韵味，也饱含了笔墨的清香。古往今来，胥口镇诞生了一批又一批的丹青高手，书画艺术在这太湖之滨的江南小镇上绵延不绝，一个三万多人的小镇，仅书画家就有两百多位，更别提那些会画会写的普通小镇居民了。这么说吧，如果你在胥口的马路上随便叫住一个人，他可能就会掏出笔墨给你画张肖像，反面再配一张胥口的手绘地图，绝对私人定制。

其实，胥口镇最早的书画家基本都是农民书画家，早前吴门画院的一位画师徐坤元正是著名画家张辛稼的弟子。他回到胥口以后，崇尚书画艺术的乡亲们便上门拜师学艺。于是家家户户都有了书画高手，凭着一手好字或者精湛的画技，放下镰刀，“立地成家”，提高家庭收入不在话下。

一幅字，从提笔到落笔，可能要上百个日夜的提腕和运笔。一幅画，从构思到装裱，前后是数以万计的浓淡干湿调配和皴擦点染的运用。在这座小镇上，每个人的身体里都流淌着艺术的血液，充斥着文艺的细胞。

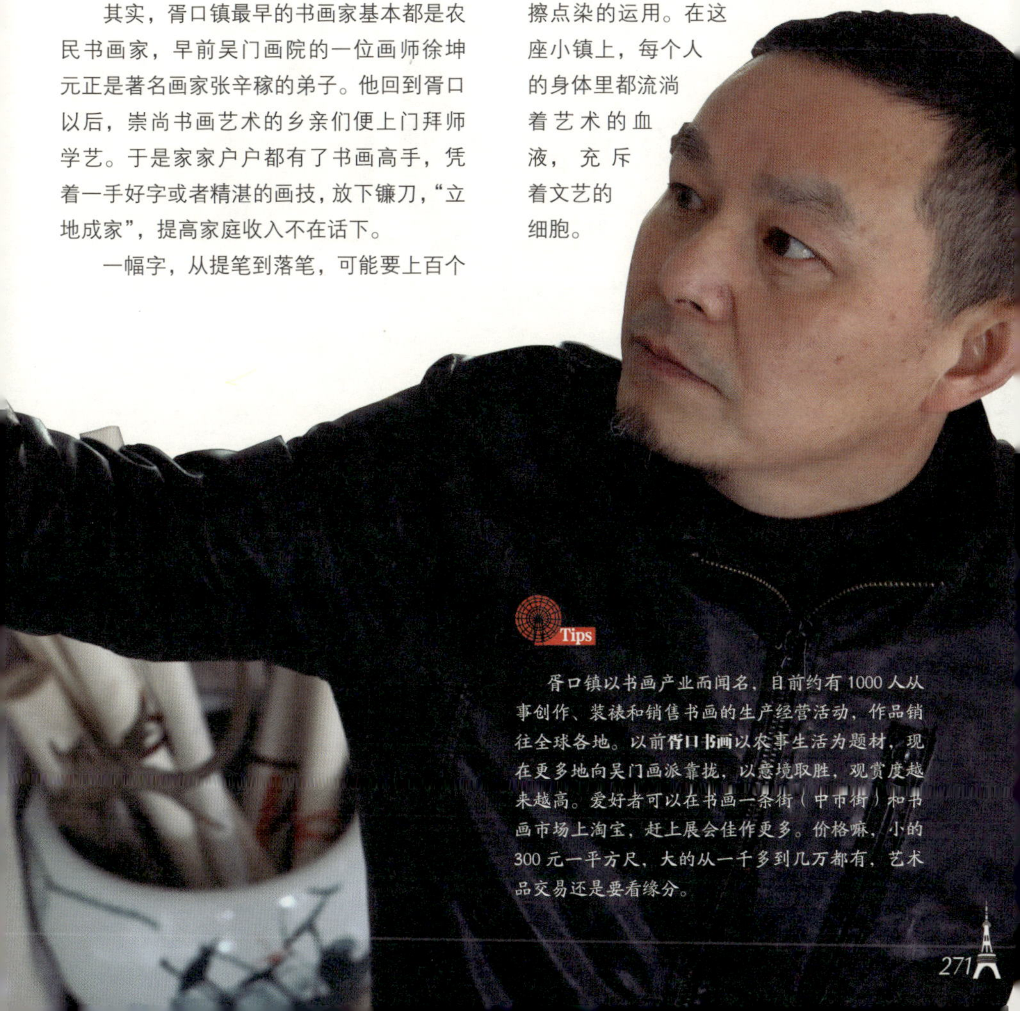

Tips

胥口镇以书画产业而闻名，目前约有1000人从事创作、装裱和销售书画的生产经营活动，作品销往全球各地。以前**胥口书画**以农事生活为题材，现在更多地向吴门画派靠拢，以意境取胜，观赏度越来越高。爱好者可以在书画一条街（中市街）和书画市场上淘宝，赶上展会佳作更多。价格嘛，小的300元一平方尺，大的从一千多到几万都有，艺术品交易还是要看缘分。

Tips

抬猛将，吴地的一大奇俗，它是伴随了吴地百姓800多年的一种民间民俗文化和信仰。在吴中区的灵岩山、香山、光福等太湖一带至今还盛行着“抬猛将”的习俗。据史料记载，太湖周围的吴中地区，民国时期有大小猛将庙宇100多处，各村猛将堂的大猛将高1米多，有的是天真的孩童，有的是一脸正气的青年。

闹了八百年的猛有如“神”助

相传，农历正月十三是“猛将神”的生日。在吴中区的胥口，这一天的重头戏无疑是天黑之后的那场叫作“抬猛将”的大戏！

农历正月十三，胥口新峰蒋家村一年一度的“抬猛将”民俗活动如期上演。虽然很多苏州人的新年已是“过去式”，但是这个自带时差的“抬猛将”民俗，却散发出浓烈的文化光芒。

早晨7点多，鞭炮声、锣鼓声就在蒋家村里陆续响起，村民们从猛将堂里请出猛将坐像，敲锣、打腰鼓、打连厢、舞龙舞狮，挨家挨户给农家送福。下午，大家在家中张灯结彩、杀猪宰羊，为晚上的盛宴忙碌。按照当地风俗，正月十三是宴请亲戚的日子。

晚饭后，“抬猛将”正式开始。与其他地区相比，蒋家村的赤膊抬猛将最有特色。不论气候如何，大汉们都必须赤膊上阵。

晚上7点半，随着猛将堂前一声响亮的锣鼓，“抬猛将”来喽。在领头敲锣的赤膊村民身后，8个赤膊大汉抬起猛将轿子，有节奏地喊着号子，往村间小路奔去。每组壮汉要在村里主干道上奔跑三圈，再由下一组接力继续。最后壮汉们将猛将坐像抛向空中，然后接住，周围的观众顿时发出雷鸣般的欢呼声，活动达到最高潮。

那么,这“猛将神”究竟是何方神圣呢?农民们在破春之时祭拜的神必然和土地有莫大关系。相传猛将原是一位孩童，在帮助

村民驱除啃噬稻谷的蝗虫时牺牲，当地人便逐渐形成在他诞辰日农历正月十三日当天，举行“抬猛将”活动的习俗，以此祈求平安和丰收。也就是说，他是稻田的守护神。

这个寄托着鱼米之乡的先辈农人朴素愿望的年俗，没想到一传就传了800多年。如今，百姓们在祈福的基础上，又增添了民众狂欢娱乐，尽享幸福生活的喜庆。这份刻在骨子里的文化基因，形成了潜意识里的文化自觉，产生了类似同饮太湖水的亲切感和认同感。

这份醇厚的乡土情可不是随便在什么地方都能看到的，赶上了就千万别错过。

节庆，是一群人的狂欢

吴中太湖文化旅游节

这可能算吴中旅游方面最大的节庆活动，长达大半年，一般始于春天，以茶为媒，从一杯碧螺春中品尝吴中的青山绿水。结束于金秋，在太湖蟹的鲜味中感受“天堂之美，在于太湖美”。涵盖文化旅游、民俗、美食、体育等方面的多个活动，这些活动将陆续开展。很有攻略意义的最佳民宿、星级厕所、金牌讲解员，都会在文化旅游节中评选出来。

太湖开捕节

太湖，是长三角重要的淡水湖，湖内鱼类众多，尤以银鱼、梅鲚、白鱼和白虾著名。当然，这个节看头可大了，不仅仅是看打鱼，重要的是能看到太湖渔民下湖开捕前所举行的祭祀大典。神圣、庄重又带点神秘的太湖祭祀文化，在以往都引起游客和观众极大的兴趣。开捕节一般在8月底，如果赶不上也没关系，其他时间可以去冲山村转转，这是我国最大的内陆渔港。相传太湖渔船是由南宋岳飞的水军战船演变成的，船型较大，一般有三桅、五桅，大的有七桅。

农民丰收节

这是一个年轻的节日，2018 年创立，时间为每年农历秋分，涵盖开幕式、亲子音乐节、大讲坛、乡村摄影大赛和大型吴地农产品展销会等系列活动，将在一个月时间内集中展示苏州乡村新风貌。对于“吃货”来说，可以在农产品展销会上买到地道的苏州味道——鸡头米、水红菱、大闸蟹等；对于游客来说，在秋天逛逛吴中的特色田园乡村、美丽村庄也是个不错的选择。

东山荷花节

吴中东山，可能是苏州地区唯一还留存这一古老节日庙会的地方了。农历六月二十四这一天，是东山人一年一度的荷花节，自发而来的数千名群众都会在龙头山莳山寺进香并参加庙会活动。凌晨四点多，天边刚泛起鱼肚白，东山各村的百姓就纷纷赶至莳山寺烧香，各个村抬猛将的队伍也从水陆两路浩浩荡荡向莳山寺开进，赏荷花、赶庙会，水上、路上一时锣鼓声声。1 米多高的“猛将”，一路上微笑着接受人们的祭拜，好不威风。荷花自古寓意清廉、纯粹、洁身自好，东山人在这个节日中寄托了众多美好的情思。

买过最坑的特产
游过最丧的景点
醒醒吧
你缺一份
全宇宙最实用攻略
不走绕远路
不花冤枉钱
有玩有购物
不服来投诉

拾

更多隐私都在这里

不同的游线邂逅不同的你

一样的景点，季节不同，天气不同，心情不同，玩法必然不同。将吴中主要景点进行不同的排列组合之后，发现有的组合适合“软妹子”撑着油纸伞顾盼流连，有的组合适合先生摇着羽扇谈笑其间。下面列了四条游线组合，希望有那么一两个点能击中你当下的心窝。

游记留念，嘎嘎

上午

去吴中之巅341.7米的穹窿山主峰爬山。

参观孙武苑、孙武教场等景点，解读孙武实战用兵的彪悍往事和《孙子兵法》的高深谋略。

中午

在穹窿山顶的望湖园吃饭，乌米饭必点，这是一碗顶着"吴中区非物质文化遗产"头衔的米饭。

午后

去孙武文化园、万鸟园、小隆中，览摩崖石刻看鸟类表演。最后，会会孙武的好朋友伍子胥

晚饭

有两种推荐：一个是胥口镇灵山路的江南大院，一个是胥口镇吉祥路的二十八里太湖船菜

晚餐后在欢乐胥江广场夜游胥虹桥，桥身主要是由宽7厘米、厚3厘米、长约2米的小木条拼接胶合而成，是目前世界最大的单跨木拱桥。

影像太湖 看一场好戏

上午

游览江南第一楼东山雕花楼

启园

陈凯歌的《风月》

曾在这拍摄哦

中午

如果是秋冬，去洞庭饭店尝尝白切羊肉、母油鸭

如果是春天，去碧螺山庄，边喝茶边吃手剥虾仁

下午

到东山影视文化街，

感受一下露天影院的魅力

傍晚

太湖边等待日落

到电影主题的8毫米书吧坐坐

晚上

到木渎古镇，

入住玖树溪岸

DAY 2

从严家花园开始
这里拍过《红楼梦》《水月洞天》等电视剧
可以找到熟悉的感觉

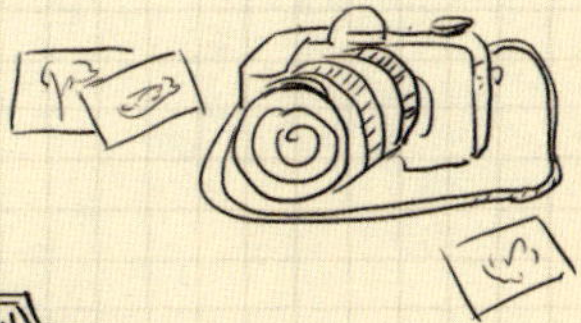

中午
到老枫庭吃苏帮菜，拍拍照

下午
爬灵岩山，到灵岩山寺烧香礼佛，
据说现在寺庙大殿就是建在当年夫差为西施建造的馆娃宫遗址上

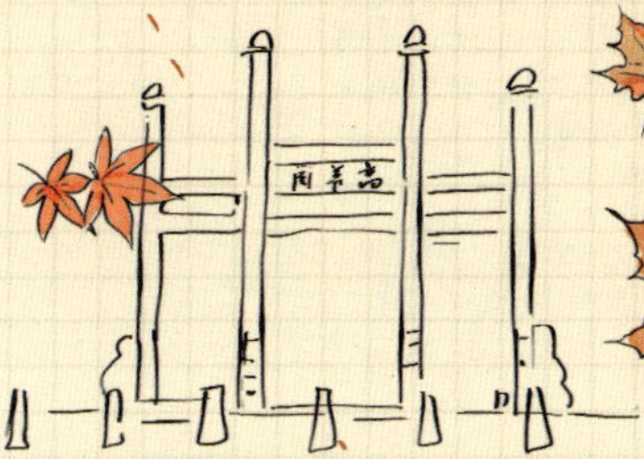

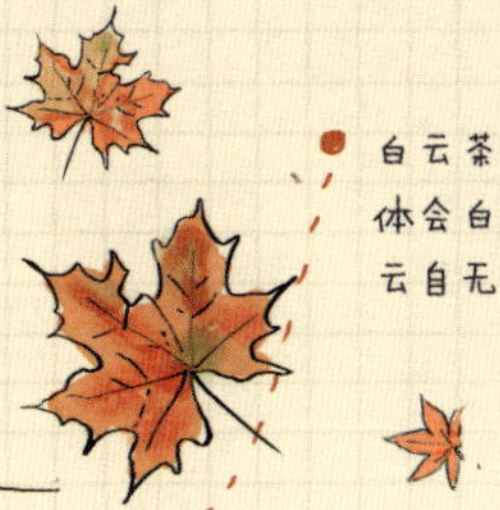

白云茶室喝喝茶
体会白居易诗中的“天平山上白云泉，
云自无心水自闲”的境界

到天平山
秋天之外的天平山也别有滋味

赵雅芝主演的《戏说乾隆》，
李亚鹏主演的《射雕英雄传》
都在这里留下过足迹，
连包拯断案的《狸猫换太子》也在范公祠开拍

乡村田园 当一回农夫

▲先去江苏最美乡村旺山的九龙潭和瑷𤥨岭洗洗肺

▲品尝茶园里的碧螺春

▲下午

喜静，就去宝华寺焚香，

寺庙周边的竹林自动隔绝尘世喧嚣

▲喜动，到瑞颐农场，

里面能踢球、钓鱼、

骑车、放风筝

▲中午

去钱家坞品尝农家乐，

钱家坞有很多家农家乐饭店，

聚福苑是开业较早，规模较大的，

老板是台湾人，很热情

▲到张桥湿地公园

去看月季

▲晚饭到一个叫"我在张桥等你"的饭店

一幢是喝茶的，

一幢是吃饭的

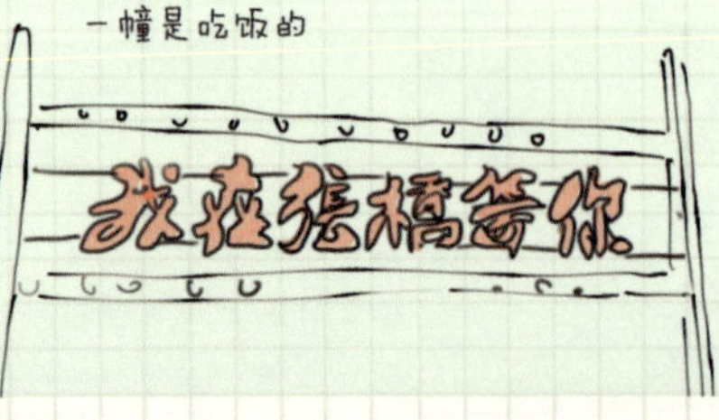

DAY 2

上午到横泾街道的东林渡感受农业风光

导航“乡根·东林渡”民宿，
下车即见大片麦田。
这块地，春天是黄澄澄的油菜花，
秋天是金灿灿的稻浪。
曾有新人在栈道上举行婚礼

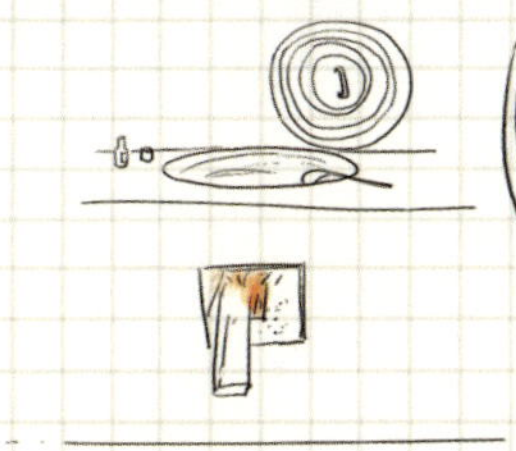

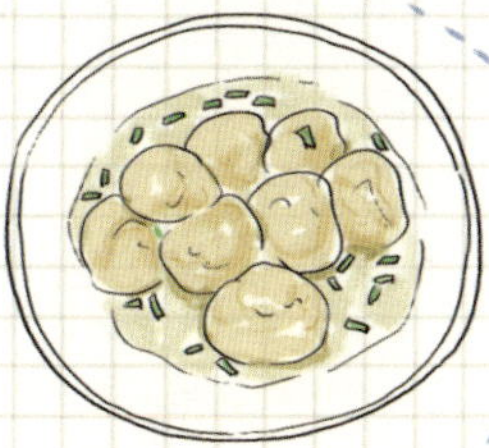

中午
午饭也在横泾解决
首选鲜丰十二灶
土灶烧出来的农家菜

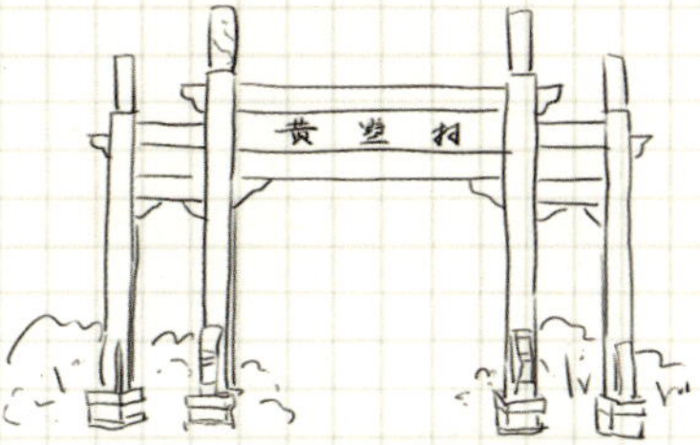

下午
驱车往西来到太湖另一边的黄墅村，
它是江苏省特色田园乡村建设首批试点村庄

到村里“网红”咖啡馆
“呼吸森林”，
“小清新”去了“咔咔”自拍

去2千米开外建在湖边的
沐春园免费园林看看

在水一方 寻一位伊人

上午

去太湖湿地公园，沿着栈道前行，
夏天的荷花，秋冬的芦花，
还有不分季节的小翠鸟，
都会一一闯入视线。
走到太湖地标大水车时，
就可以停下来拍照了

这里备受名导和名角的宠爱。
韩雪为吴中代言的宣传片，
冯小刚给苏州拍的城市宣传片，
都在这里取过景

中午

可以到西庄路吃农家乐
或者到太湖新天地里点份简餐

下午

驱车跨过太湖大桥
进入西山岛的武侠世界

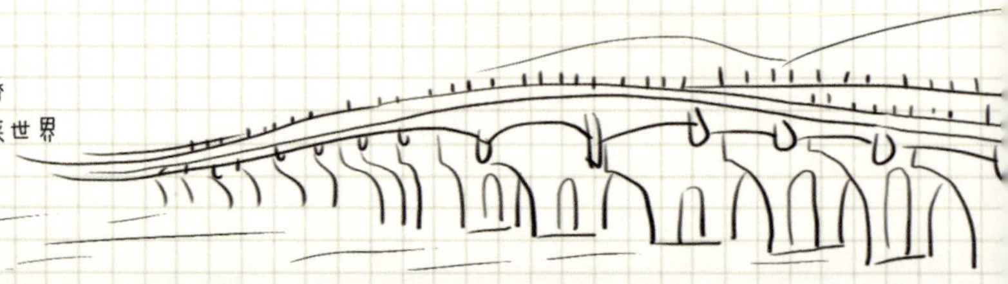

如果想船游太湖，就走到太湖新天地，那有码头。
服务时间：8:00~17:00

产品	内容	核载人数	票价
快艇冲浪	A线（太湖观光）	8人	180元/艘
	B线		280元/艘
	C线（太湖大桥）		580元/艘
水上巴士	小画舫/旺山号	24人	50元/人
定制包船	小画舫	24人	2500元/小时
	旺山号		4500元/小时
游艇观光	A线（太湖论坛）	8人	380元/艘
	B线（水星小岛）	8人	580元/艘

傍晚到古码头去晒月亮，
欣赏西施当年看到的风景。
晚上夜宿西山岛。香樟小院、云水依、虚舍、飞鱼等都装得下你的梦

游览西山缥缈峰，看800里浩渺太湖，
体验“居然自可小天下，
谁道吴中无泰山”的诗意豪情。
接着游览林屋古洞，看林屋晚烟那
“鸡犬安闻物外春，烟迷洞口斜阳暮”的美景

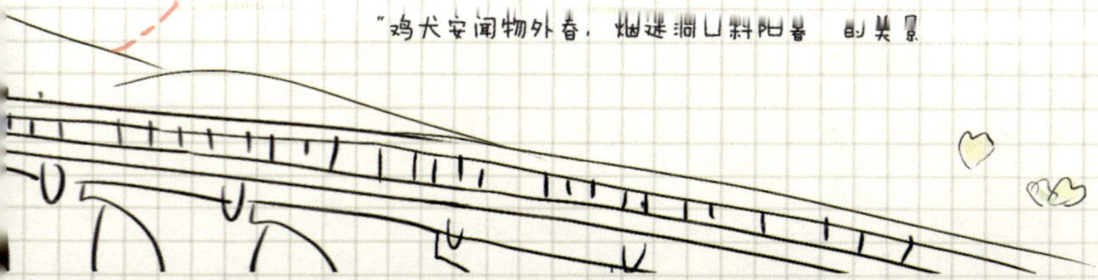

四季吴中

春行吴中——花正烂漫茶正香

太湖探梅之旅：司徒庙——香雪海——太湖游击队纪念馆

上午前往光福司徒庙观赏千年古柏，顺路游览赏梅圣地香雪海，赏一场凌寒开放的早春梅花；中午品尝太湖湖鲜；下午游览太湖游击队纪念馆，欣赏太湖风景；晚上入住福隐雪海民宿。

东山采茶之旅：雨花胜境——东山农家乐——雕花楼

春风吹来，东山的茶树已经纷纷萌芽。趁着碧螺的清香，前往东山雨花胜境进行采茶体验，收获满目春光；中午在东山农家乐用餐，品时令美食；下午去东山茶厂体验炒茶品茶的乐趣；傍晚游览被誉为江南古建名楼的雕花楼；晚上入住巢园民宿。

西山寻春之旅：林屋洞——天王坞茶园——明月湾古村

上午前往西山“天下第九洞”林屋洞，观赏林屋梅海；中午在西山农家乐品尝美食；下午去天王坞茶园体验采茶炒茶的乐趣；傍晚前往明月湾古村，感受江南古村的风俗民情；晚上入住粗衣食吾民宿。

山水漫游之旅：太湖公园——渔洋山——太湖新天地——绿光农场

来苏州太湖新春民俗节，寻找消失的年味。上午前往太湖公园游玩，顺便登上渔洋山踏春赏梅；中午在太湖新天地用餐；下午游览绿光农场；晚上入住林屋小筑民宿。

夏至吴中——乡村民俗最休闲

名胜探寻之旅：启园——青蛙村——紫金庵

上午前往东山启园领略私家园林的精致；中午在杨湾的西巷（青蛙村）享受午餐；下午参观全国重点文物保护单位紫金庵，观赏罗汉像；接着去枇杷杨梅园采摘；晚上入住右见·留白民宿。

太湖畅游之旅：陆巷古村——三山岛——石公山

来洞庭东山，领略太湖日出日落之美。上午前往陆巷古村感受古宅的古意；中午在三山岛农家乐享用午餐，饭后品尝三山岛特有的马眼枣；下午在东泊码头坐船前往金庭镇石公山；晚上入住篱尘民宿，卸下一天的疲惫。

秋游吴中——建身休闲乐悠游

乡野漫步之旅：旺山——沐春园——园博园

旺山的秋天，洋溢出充满活力的气息。趁秋光正好，上午游览旺山景区，遇见美丽乡村；中午在沐春园用餐；下午前往临湖镇灵湖村享受下午茶时光；傍晚可到园博园观看太湖奇幻灯花；晚上入住半山·艺民宿。

兵法访古之旅：穹窿山——孙武文化园——小隆中——万鸟园

秋意正好，来徒步吧。早上登穹窿山，一览秋日风光；下午游览孙武文化园、小隆中和万鸟园；晚上入住孙武居。

冬隐吴中——温情古镇慢漫游

甪直休闲之旅：澄湖水八仙生态园——甪直古镇

上午参观澄湖水八仙生态园；中午前往甪直品尝水乡美食，然后在江南文化园的戏台前欣赏精彩的民俗表演；下午乘小船听船娘唱小曲，沿途游览古镇美景，顺便采购年货；晚上入住此处有别院民宿。

美食养生之旅：天池山——木渎古镇

三千年的木渎古镇繁华依旧。上午攀登天池山欣赏自然美景；下午游览木渎古镇，体验欢乐木渎年的精彩活动；晚上尝一尝藏书羊肉，然后入住筱驻山塘民宿，于古镇诗意中安然入睡。

看展好去处，你Pick哪一家

来吴中而不看展，实在是辜负了这里的文艺气息。

各种美术馆、博物馆、展览馆，都是“网红”打卡胜地，如果想要在吴中逛展，下面这些地方不能不去。

去江南茶文化博物馆品茗

作为苏州地区首家茶文化博物馆，这里以展示产于洞庭东、西山的中国十大名茶之一的碧螺春为主，从茶叶的历史、形成、制作、品质等，分类做介绍。此外，还有碧螺春的营养价值和保健作用，怎样品饮、贮藏，怎么入菜烹饪等实用窍门。馆内会定期举办各种茶道表演、江南丝竹演奏以及评弹说唱。当然了，有喝就得有吃，休闲度假山庄和饭店人家都给配好了。

地址：吴中区东山镇碧螺景区环山路西坞 158 号

去王立鹏美术馆寻梦

王立鹏是著名旅美画家、书法家、篆刻家，在北美画坛享有“东方毕加索”之誉。鲜明的木渎元素是美术馆最大的特色，馆中最醒目位置悬挂着周士心题写的“寻梦木渎”匾额，还展出了王立鹏为木渎精心创作的国画《古松园五百年罗汉松》、篆刻《寻梦木渎》等。

地址：吴中区木渎镇古松园内

去尹山湖美术馆养心

从里子到面子，尹山湖美术馆都能震撼到你。场馆气势恢宏，馆内配套齐全，配备有多功能厅、会议室、艺术交流中心和屋顶花园等，免费开放。

除了常规展览外，美术馆还会举办油画体验、鉴赏、手工、茶道、花道、养生、禅修、修身美学、瑜伽等各种公益艺术培训课程。感兴趣的读者可以上官网查询课程安排。

地址：吴中区郭巷街道环湖路299号

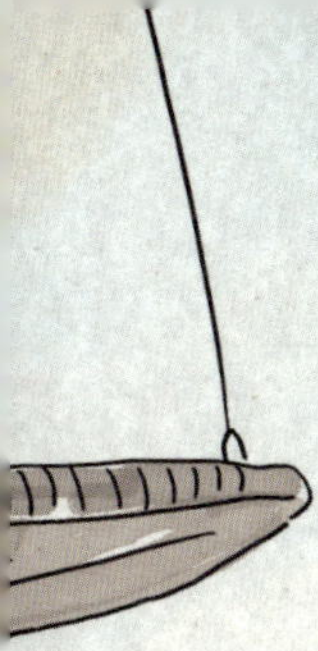

去周士心美术馆环游世界

周士心是旅加著名画家、吴门画派海外传人。六十年来周游世界，饱览异域风情，作品万幅。他成长于苏州，毕业于苏州美专，对故土感情很深，在木渎古镇的展馆内有他捐赠的几十幅作品。

地址：吴中区木渎古镇榜眼府第内

去本色美术馆玩跨界

本色美术馆是私人投资兴建的，涉及绘画、雕塑、装置、行为艺术、摄影、录像、建筑、设计、音乐等方面，并且会进行跨界尝试。美术馆的地理位置很不错，依水而建，离大运河也不远，青灰色质感的外立面使整个建筑内敛而又饱含张力，与周边河流、湖泊等自然生态相得益彰。本色美术馆不用门票，只需要登记，但人少的时候不用登记也可进入。

地址：吴中区郭巷街道通达路219号

去西山地质博物馆赏石

西山地质博物馆是省内首家国家地质公园博物馆，主要展出来自世界各地的珍品怪石。

博物馆分三层，一楼为播放厅及吴文化特色馆、二楼为宝石厅，三楼为观赏石展区。在这里你可以了解到什么是太湖石，还有产自木渎的金山石、西山岛的煤矸石、三山岛的火山石、光福的黄铜矿等。有一道石头演绎的满汉全席，挺有意思的。

地址：吴中区金庭镇西山缥缈峰

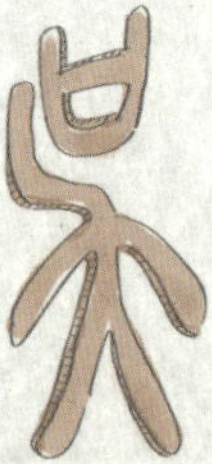

去吴中区博物馆探求本源

吴中博物馆在澹台湖景区，预计 2019 年年底前后开放。吴中区是吴文化的重要的发源地，历代考古中挖掘出很多宝贝，所以藏品极其丰富。主展厅有吴中古代文明展。另外，这里的咖啡吧和文创商店也值得一逛。

地址：吴中区石湖东路宝带桥西南侧

去太湖艺术中心吹吹风

在太湖游客中心边上，面积不算大，但可以同时展示百幅以上的艺术作品。主打传统的雅集文化传播和高水准的艺术展览，主题活动也大多以吴中太湖为基调。在这里，游客不仅能观赏名家名作，而且能感受吴中太湖的风情，可谓一举两得。

地址：苏州太湖国家旅游度假区孙武路 2013 号

湖边有礼，想把吴中送给你

不买伴手礼的旅行是不完整的，更何况吴中还准备了那么多好东西。购物，讲究天时地利，赶上应时应季应景，就把吴中带回家吧。

太湖礼物

太湖礼物是一家伴手礼专卖店，产品范围非常广，涵盖茶、丝、陶、绣、雕、木、食、酒、石等系列，价格还比较亲民。这么说吧，不管你想买文房四宝，绫罗绸缎，还是枣泥麻饼，太湖三白，这里都有。这年头，旅游商品越做越精，粽子糖已经不是当年的粽子糖了，莼菜也不是当年的莼菜了。到太湖游客中心或者太湖园博园内的“太湖礼物”专卖店去看看这些土特产吧，都已经“七十二变”了。

木渎风物记

木渎风物记是古镇自有的文创品牌，在木渎古镇山塘老街的中段，店铺有两层，除文创产品外还有些轻食和饮品。产品以乾隆形象为原型，“黄六爷”随处可见。店里的豆腐干、帆布包、邮票、胶带纸、明信片等都是“朕之心选”，连门口的邮筒都是代表皇家的黄色。Q版设计，就是要萌到你。

穹窿慧生活

这是一个诞生在穹窿山下的文创品牌。慧心巧思江南生活之道，慧眼独具水乡生活之美，时尚观点专注传统文化，呈现别样苏州味道。有机食品有乌米饭、山货、草鸡蛋等，还有孙武主题茗茶，天然矿泉水。店面多集中在穹窿山景区内，望湖园、孙武书院罗浮山庄、孙武苑、御膳坊、穹窿山庄农家等。

西山好风光

西山好风光风物店目前有明月湾店、林屋梅海店、石公山店。主打的是西山物产，例如杨梅、枇杷、青梅等酿成的各类果酒及其他农副作物深加工产品。此外，太湖三白、时令蔬果、特色糕点等别有风味的产品也会售卖。

羊毛衫商业街

临湖羊毛衫，准确说应该是渡村羊毛衫，只不过十几年前渡村与浦庄合并成立临湖镇，渡村这个行政单位就没有了。渡村羊毛衫的品牌从20世纪80年代开始崛起，不仅在国内，在海外也相当有知名度，为巴宝莉、阿玛尼等多家奢侈品贴牌加工，所以定位高端、品质过硬是无疑的。临湖镇现在有羊毛衫商业街，建议去荻马、星斯伊、惠尔利斯等大牌子店家挑选，价格有些比商场便宜一半还多。冬天里有一件这样的羊毛衫或羊绒衫“加持”而也不羡慕北方的暖气了，因为我们自带供暖。

女人驰骋赛道，离不开一辆购物车

永旺

永旺是日本的百货品牌，在苏州有三家，吴中这家是开业最早的。不管是服装还是料理，日本品牌居多，也有少量韩国的牌子。永旺比较适合遛娃，整个三楼都是儿童服装品牌以及室内游乐场。是个很有人气的地方。

地址：苏州西环高架（苏震桃公路）与天鹅荡路交界处

万达

应该没有中国人不知道万达吧，俄罗斯世界杯一打，更加没有人不知道万达了吧。我跟你讲：吴中万达比球赛还好玩，里面的商铺比场边广告还好看。世界杯期间万达商场真是无比吸睛，大屏幕一放，球哨一响，整个商场都沸腾了。过了世界杯，一切恢复原样，饭店还是爆满，“熊孩子”玩起来还是那么“嗨”。

地址：石湖西路176-1号

悠方

对海鲜上瘾的人一定知道悠方购物中心，因为这里有江苏省第一家盒马鲜生超市。比脸还大的螃蟹，比小臂还长的龙虾都是这里的常客。国内首家GRAND寰亚洲立影城落户于此。另外，新开不久的购物中心基础设施都很贴心，有母婴室化妆间，还有儿童马桶。

地址：竹园路与金枫路交叉口，轨交1号线金枫路站1号口

天虹百货

木渎地区比较早的shopping mall（购物中心），服饰、珠宝、健身房、KTV一应俱全，搞活动时折扣很有力度。二楼新改造了一个美食区，有很多小吃、快餐。你们也知道，餐饮是最拉人气的，所以这里真的还挺热闹。停车位很多，公共交通也方便。

地址：木渎金山路39号（新华商业广场）

丽丰

几年前刚开业时流量挺大的，近期虽然有点颓势，但依然是周边居民饭后休闲的优选地。离吴中区政府、吴中区人民医院都不远，如果到保利大剧院看戏，也可以在这里垫垫肚子。附近还有朗庭乐享汇和新苏百货，也不知是抱团发展还是同类竞争，反正那一带的位置是没得说。

地址：宝带东路399号（现代文体中心旁），轨交4号线宝带路站4号出口。

世贸运河城

这里是沧浪新城的CBD（中央商务区），交通方便，还有大润发超市“加持”，是这一带的流量担当。里面的京料理和抱石中餐厅口碑很好，值得一试。晚上滑轮滑的小孩和跳广场舞的大妈让这里更加充满生活的气息。

地址：宝带西路1197号

常来常往，玩成本地人模样

有五条轨交途经吴中：其中2号线和4号线在吴中区的换乘站是石湖东路站，属于中心城区，周边很热闹。4号线往木里方向的站点都在吴中，可以乘车继续前往越溪、开发区等地方游玩。1号线的终点站木渎站离木渎古镇景区还有大约2.5千米，打车起步价，骑小绿车锻炼身体也不错。3号线横穿宝带路，设有三个站点；5号线从园区直达苏州太湖国家旅游度假区。

吴中区的公共自行车系统非常完善，总共有超五千辆的小绿车，各个轨交站都有停车桩。只要芝麻信用分数达600分，即可用支付宝扫码骑车，一小时内免费。不用办卡也不用押金，非常方便。

太湖边两条高颜值骑行道“太湖蓝”和“滨湖红”深受骑行爱好者的喜爱。“太湖蓝”北起吴中区光福镇与高新区镇湖街道交界的安山中桥，沿太湖岸线南行，止于太湖大桥。“滨湖红”起于临湖镇黄埣港套闸，沿线由太湖大堤向西南，止于东山镇渡水桥。

苏州好行的巴士不像公交车那么大，通体是红色的，十分好认。在1月下旬到3月上旬梅花盛开时节，巴士会从苏州火车站直通香雪海景区，每人5元。

太湖旅游年卡，32个景点不限次畅玩，个人卡148元，家庭卡258元。在天猫、淘宝、飞猪上搜索“苏州吴中旅游旗舰店”，就可购买。购买后要登录微信“太湖旅游年卡”或同名官网进行激活。

吴中区和吴江区之间的太湖水面叫**苏州湾**，是近年来太湖开发的重点。吴中区从松陵大桥到邵昂路一段湖岸线已经建设得比较成熟了。这里有水上运动码头和游船码头，自行车道和健身步道，还有足够大的草坪。

“这里的山路十八弯……”停，十八弯算什么！不走寻常路的背包客，请来**东山二十四湾**。在东山莫厘峰之西，曹坞之上，山势陡峭，有二十四道弯，对于驴友来说

是最佳的挑战。建议初春前往，还能碰上碧螺春采摘，一举两得。

每到捕鱼期（9月1日至次年1月31日），太湖边上会有很多渔民就地售卖刚捕上来的水产，这时候赶早去就能买上新鲜正宗的太湖湖鲜。在东山、西山和光福的农家乐里，能吃到比市区饭店里性价比更高的湖鲜。

2018年围网全部拆除，太湖围网养殖已成历史。但是“吃货”不用急，太湖蟹或靠“天养”，或搬家到了标准化池塘养殖，上市可能更早，口味和营养也没太大区别。

吴中区一年四季都有时令水果。枇杷成熟期，会有来自全国各地的游客前往东、西山采摘，太湖大道和通往西山的太湖大桥会成为堵车重灾区。建议尽量选择公共交通，在工作日或者周末赶早前往。在东、西山住一晚，次日采摘也是不错的选择。

要问大米哪家好，横泾大米来报到。千万别觉得出来玩纠结吃什么米是一件很傻的事情，人家去日本旅游还采购电饭锅呢，说不定你吃过横泾大米后，想拎两斤回去呢！

吃饱之后喝点啥呢？首选碧螺春。东山有个村就叫碧螺村，村民基本都种碧螺春，茶叶质量很赞，建议在村民家里直接秤，保真。

木渎寿桃湖公园是跑步爱好者的必到之处。跑一圈大概2.5千米，夏天尽是夜跑的人，附近的摩天轮在灯光下变换出不同图案，越跑心情越好。

有两个信息量很大的微信公众号，“吴中太湖旅游”和“吴中发布”，前者小而美，后者大而全。

眼底江南
心上吴中

吴中太湖旅游

吴中发布

后记

最好的城，
装得下一颗凡心

无聊的地方千篇一律，有趣的地方各有各的好戏。

吴中就是个好戏不断的地方。以前总觉得这里美是美，但是清汤白水的，少了点故事。等把吴中跑了个遍，写了这本书后，深深为自己的偏见感到惭愧。

采访蠡墅古镇时，我们想找些和范蠡有关的古老遗迹，当地一位老人带我们去了蠡墅老街、蠡墅桥、范蠡公园，还有一幢有 200 多年历史的民居，但都感觉差了点意思。最后，老人说还有最后一个地方，虽然跟范蠡关系不大，但是可能会给你们一些启发。然后骑着电动车带我们去了范蠡公园北边一片空旷的绿地，

绿地之上立着一棵孤零零的银杏树。老人自豪地说这棵树有六七百年历史，他们家从太爷爷那辈搬到吴县，几代人都住在这附近。他小时候就喜欢在树下玩，如今他的孙子也一样。说完，老人就骑着“小电驴”去接孙子放学了。

这个年纪的银杏在吴中其实不算什么，一千年以上的有很多。但是老人那种骄傲的神情，是最生动的热爱。他说，树就像他的家人一样，甚至比家人陪他的时间还长。它不仅陪伴了他的先辈，陪伴了自己，而且正在陪伴他的后代，是最亲密的人。人这一生，能有这样一个不离不弃的坐标，沧海桑田，固守一方，是何其温暖的事。和这活生生的例子相比，我们寻找范蠡遗迹的想法，显然太模式化了。人和自然的关系，和历史的关系，未必一定要体现在名人身上，一家人和一棵树，就可以让这种关系更进一步，更良性一点。

这是小人物和小日子带来的感动。

带着这种感动，再看一些景点浮夸的开发策略，难免有些惋惜。西山岛东村古村的敬修堂，一座清朝古宅，保存得相当完好，从第一进走到第六进，一道道大门在身后消失，纵深的走廊像一条时光隧道穿越了一整个朝代。94 岁的老奶奶坐在最里面的小院剥蚕豆，任由人来人往，过眼烟云。你甚至不需要了解更多，这里曾住过谁，曾发生过什么，都不重要，单从眼前玉兰树、山茶花、老太太和小猫编织的画面就能领会这江南 STYLE（风格）。

可惜，从村口的路标到木门上的简介，这座古宅都以“乾隆金屋藏娇的地方”为招牌揽客。我们真想拿着喇叭在门口喊：霸道总裁承包眼球的时代早就过去了，乾隆的流量未必有剥蚕豆的老奶奶多哎哟喂。

当然，这挑三拣四的毛病是旅游资源丰富给惯出来的，在资源贫瘠的地方，我们恨不得自己编出一个帝王微服私访、民女为爱疯狂的故事。我们内心希望吴中的旅游卖点可以精益求精。展现初心和素颜已经足够美好，根本不需要滤镜“加持”。

以前写书，常常苦于一个地方亮点不足，挖不出东西。写吴中这本书的痛苦在于，历史太长，亮点太多，晃“瞎”了主创的眼。古村，古宅，古树，每片瓦当都诉说着宅院往事，每条叶脉都在四季中延伸出下一段里程；小桥，小巷，小岛，每个台阶都印满了上下求索的脚步，每扇窗户都曾拨开历史的迷雾，让阳光照进来。

遇到吴中这座富矿，写手们也都放飞了自我，一个个甩开膀子，把稿子写成了连载，恨不得分出三级标题，从西周写到上周。

页码不断加厚，眼看口袋书要变麻袋书，主编大人立马喊停做减法。敲黑板，画重点：同学们，放开那些创作技巧，好食材清蒸，好地方白描，相信朴实的力量，请用最简单的笔书写吴中的好。

这就是整本书的基调，虽然也写了很多帝王将相的趣闻，才子佳人的恋曲，但我们更热衷写本地农户的粗茶淡饭，渔船人家的生活日常，平凡人生最动人。这里的平凡人不仅指采访对象，也指辅助我们完成采访的吴中区政府的兄弟姐妹们。度假区、开发区、高新区、金庭镇、木渎镇、甪直镇、胥口镇、东山镇、临湖镇、光福镇、郭巷街道、横泾街道、越溪街道、城南街道、香山街道、穹窿山风景管理区、太旅集团等，都在过去一年被我们不同程度地骚扰，有些笔杆子还被无情剥夺了劳力，一遍遍征稿。情不知所起，人人都说我愿意。请大家不要嫌弃。我们缘分未尽，改版时再续。

地球是圆的，历史也不是单行线。默念“吴中”，嘴唇始终拢圆，像一个圈。恰好，吴文化也是一个圈，辉煌和荒芜并进，征途和结束纠缠，历史不是过去，今天只是序曲。愿这本书能在圈里泛起一丢丢微澜，给平凡的人们带去更多感动。

你来，或不来，苏州都在这里。

情调苏州工作室作品

《情调苏州》	（中文版2011）
《THE ALLURE OF SUZHOU》	（情调苏州英文版2012）
《情归同里》	（中文版2012）
《情调苏州》	（中文版2013）
《苏州情书》	（微电影2013出品）
《缘来常熟》	（中文版2013）
《情定金鸡湖》	（中文版2014）
《JINJI LAKE IN BLOOM》	（情定金鸡湖英文版2014）
《昆山有戏》	（中文版2014）
《IN SUZHOU》	（英文版2014）
《香橼》	（微电影2014出品）
《时间里》	（微电影2014出品）
《情调苏州》	（中文版2015）
《UNVEILING KUNSHAN》	（昆山有戏英文版2016）
《撷秀姑苏》	（中文版2016）
《印象张家港》	（中文版2016）
《静秀太仓》	（中文版2016）
《情约姑苏》	（中文版2017）
《情定金鸡湖》	（中文版2017）
《情定金鸡湖》	（英文版2017）
《悦晋城，约晋城》	（中文版2017）
《邂逅相城》	（中文版2017）
《ENCHANTING TAICANG》	（静秀太仓英文版2018）
《初见晋城》	（城市形象片2018出品）
《情调苏州》	（中文版2019）
《心上吴中》	（中文版2019）

总编撰

张俊启

运营统筹

许建国 奚晓平

执行编撰

袁 野

图片统筹

王 达

版面设计

曹晶华

插画

荣 荣

特约编辑

施晓平

摄影

阿 米	高 明	吉 克	蒋世颖	戚振林	瞿金根	徐志强
于 祥	张炎龙	天 天	郑思年	李宝虎	张尧俊	鲍建国
李孝祥	王永康	赵永清	邱惠平	张朝阳	王克明	唐嘉鸿

主创团队

邓 婧	顾德乐	顾 芸	郭晓忠	李诗竹	李媛媛	凌燕斌
孟先彪	丁 鹏	施工谦	孙 沛	陶怡蕴	于梦伊	项筱倩
羊永英	应志刚	虞恬静	袁 炜	张 靓	张 英	朱梦婷

First Edition 2019

图书在版编目（CIP）数据

心上吴中 / 张俊启主编. — 苏州：古吴轩出版社，2019.10
ISBN 978-7-5546-1399-3

Ⅰ. ①心… Ⅱ. ①张… Ⅲ. ①旅游指南—苏州Ⅳ. ①K928.953.3

中国版本图书馆CIP数据核字（2019）第170288号

责任编辑： 周　娇
见习编辑： 任佳佳　祝文秀
装帧设计： 曹晶华
责任照排： 曹晶华
责任校对： 孙佳颖　王书青

书　　名： 心上吴中
主　　编： 张俊启
出版发行： 古吴轩出版社
地址：苏州市十梓街458号　　邮编：215006
Http://www.guwuxuancbs.com　　E-mail：gwxcbs@126.com
电话：0512-65233679　　传真：0512-65220750
出 版 人： 钱经纬
印　　刷： 苏州恒久印务有限公司
开　　本： 889 × 1194　1/32
印　　张： 10.25
版　　次： 2019年10月第1版　第1次印刷
书　　号： ISBN 978-7-5546-1399-3
定　　价： 58.00元

版权所有 侵权必究

如有印装质量问题，请与印刷厂联系。电话：0512-65656262